Dominik Schwarz

# Instagram Marketing 2023

- Dein Praxisleitfaden inklusive allem, was Du wissen musst, um Deine ersten Follower*innen zu generieren

Inklusive
Deine Checkliste für die
Verwendung von Instagram

Ratgeber

3. Auflage
Deutsche Erstausgabe 12 / 2022

# Einleitung

Die wichtigste Anforderung ist ein Umdenken,
weg davon, Botschaften zu verfassen,
die von uns handeln und hin zu Content,
der die Probleme der Menschen löst,
die wir erreichen wollen.
*- Ann Handley*

Liebe*r Leser*in,

ich bin außerordentlich erfreut darüber, dass Du Dich für den Erwerb meines Ratgebers entschieden hast, um Instagram für Dich zu verwenden und Dir langfristig eine Reichweite und Sichtbarkeit aufzubauen, sowie neue Follower*innen für Dich zu gewinnen.

Dieser Ratgeber umfasst alles, was Du wissen musst, um auf Instagram erfolgreich zu werden und die ersten Follower*innen für Dich zu gewinnen.

So wirst Du zunächst lernen, was es mit Instagram genau auf sich hat, welche Aktionen Du dort ausüben kannst, wo der Unterschied zwischen den verschiedenen Konten auf Instagram liegt und was eigentlich Bans sind.

Hast Du erst einmal mehr Details und Informationen über Instagram erhalten, geht es darum, dass Du erfährst, wie Du Instagram richtig verwenden kannst. In diesem Zusammenhang wirst Du die Bedeutung der richtigen Verwendung kennenlernen, mehr darüber in Erfahrung bringen können, welche Lukrativität die Verwendung von Instagram besitzt und wie Du die App am besten einrichten solltest.

Da es sich bei Instagram um eine contentbasierte Plattform handelt, wird es ein großes und umfangreiches Thema dieses Buches sein, wie Du Deine Bilder erstellen, wie Du Hashtags verwenden, wie Du Instagram Stories anwenden und welche Beiträge Du sinnvollerweise veröffentlichen solltest. Da das Ganze natürlich nicht ohne jegliche Regeln funktionieren kann, wirst Du die wichtigsten Regeln, die Du beachten solltest, an die Hand bekommen.

Sofern Du Instagram nicht nur für private Zwecke nutzen möchtest, kommt es natürlich auch auf die Reichweite und Sichtbarkeit an. Genau deshalb wirst Du in einem weiteren Kapitel erfahren, warum es so wichtig ist, dass Du Dir eine Reichweite und Sichtbarkeit aufbaust, wie Du diese steigern kannst und wie Du letztlich auch den entsprechenden Erfolg Deines Accounts auf Instagram messen kannst.

Das Folgekapitel wird Dir dabei näherbringen, wie Du denn nun wirklich neue Follower*innen und potenzielle Kund*innen für Dich gewinnen kannst. Demnach wirst Du in diesem Kapitel tiefer in die Materie von Instagram als Marketingtool und die Zielgruppenansprache einsteigen, was neben der Zielgruppendefinition auch die diversen Optionen des Marketings umfasst.

Stichwort Marketing – dies bringt nicht zuletzt natürlich auch den Aspekt der Monetarisierung mit sich. Denn letztlich geht es auch darum, mit Deinem Instagramprofil Profit zu machen. Vor diesem Hintergrund lernst Du das Affiliate Marketing, das Network Marketing, sowie die Produktplatzierungen kennen und hast die Möglichkeit, Dich tiefgreifend mit dem Influencermarketing zu befassen.

Um diesen Ratgeber final abzurunden und Dir noch einmal alles an die Hand zu geben, was Du wirklich benötigst, findest Du in dem Bonuskapitel eine Checkliste, worauf Du unbedingt in Bezug auf die Verwendung von Instagram achten solltest.

Worauf wartest Du nun noch? Lass uns direkt in die Social Media Plattform Instagram einsteigen und gemeinsam Deine ersten Erfolge feiern!

Dominik

Dein Dominik

# Was hinter Instagram steckt

Marketing ist die Kunst, Chancen
aufzuspüren, sie zu entwickeln und
davon zu profitieren.
*- Philip Kotler*

## Die Social Media Plattform Instagram

Die Social Media Plattform, die unter dem Namen Instagram bekannt ist, gehört zu den zweifelsohne beliebtesten und rasant wachsenden Apps schlechthin. Die kostenfreie App, die Du mit wenigen Klicks kostenfrei auf Dein Smartphone herunterladen und verwenden kannst, spricht gleichermaßen alle Altersgruppen, Marken sowie Standorte an. Kaum verwunderlich also, dass die Anzahl der Benutzer*innen entsprechend groß ausfällt. Dies sorgt nicht zuletzt auch für eine deutlich bessere Interaktionen der Nutzer*innen mit den Beiträgen auf der Plattform, als es auf anderen sozialen Plattformen auch nur annähernd der Fall ist. Im Direktvergleich wird deutlich, dass die Engagement-Rate von Nutzer*innen auf Instagram ganze 23 Prozent höher

ausfällt als die von Facebook in Bezug auf Bilder und ganze 38 Prozent höher als bei den auf Facebook veröffentlichten Videos.

Mittlerweile verzeichnet Instagram weitaus mehr als 2 Milliarden aktive Nutzer*innen – pro Monat! Und das sind erhebliche Zahlen, die eine eindeutige Sprache sprechen. Im Vergleich mit anderen Plattformen, wie beispielsweise Twitter, lässt sich schnell erkennen, dass Instagram ganze neun Mal so viele monetarisierte Nutzer*innen monatlich umfasst.

Auch die Zahlen, die sich auf die tägliche Nutzung beziehen, sprechen Bände. Ganze 500 Millionen Nutzer*innen greifen täglich aktiv auf Instagram zu und nutzen die Plattform, wobei die Nutzerschaft vorrangig, sprich zu ganzen 71 Prozent, in einem Alter von unter 35 Jahren anzusiedeln ist.

Um einen Blick auf die demographischen Randfakten zu werfen. Strukturell unterteilt sich Instagram in eine Nutzerschaft, die sich aus einem Anteil von 51,6 Prozent Männern und 48,4 Prozent Frauen zusammensetzt.

Wie bereits zuvor erwähnt fallen die Nutzer*innen hauptsächlich in die Altersstruktur von unter 35 Jahren. Konkreter gesagt gehören ganze 32 Prozent der

Nutzer*innen von Instagram in die Altersspanne von 25 bis 34 Jahren.

Doch warum wurde Instagram überhaupt so bekannt und beliebt?

Bekannt geworden ist Instagram insbesondere aufgrund der vielfältigen Möglichkeiten der Filterverwendung, die den Nutzer*innen zugänglich gemacht werden. Die sogenannten Filter können von den Nutzer*innen verwendet werden, um eine gezielte Verschönerung von Bildern und Videos erreichen zu können.

Typisch für die Plattform ist die Eigenschaft, dass die Bilder und Videos, die dort veröffentlicht werden, in der Regel im Quadratformat vorhanden sind. Dieses Format sorgt für den Eindruck, dass die Fotos einer Kodak- oder Polaroid-Kameras entstammen.

Der immense Hype, der im Laufe der Jahre um die Plattform herum entstanden ist, hat auch zunehmend mehr dafür gesorgt, dass das Interesse von Unternehmen gegenüber Instagram rapide in die Höhe geschnellt ist. Schnell wurde das Potenzial erkannt, Instagram für die Monetarisierung und das Marketing aktiv anzuwenden – durchaus mit Erfolg. Bevor wir allerdings zu tief in die Materie eintauchen, sollten wir zunächst auf die Aktionen zu sprechen kommen, die Du auf Instagram überhaupt umsetzen und wahrnehmen kannst.

## Welche Aktionen auf Instagram möglich sind

Instagram erlaubt Dir nicht lediglich die Veröffentlichung von Bildern sowie Videos in dem sogenannten Feed, sondern stellt auch diverse weitere Aktionen zur Verfügung, die Du verwenden kannst. Das Feed stellt im Grunde genommen Dein Profil dar, welches Du dank unterschiedlicher Einstellungen modifizieren und den Zugriff limitieren kannst. Zu letzterem erfährst Du auch mehr in dem folgenden Kapitel „Privates oder öffentliches Konto – wo liegt der Unterschied?“.

Neben herkömmlichen Fotos und Videos kannst Du auch Beiträge in der Story veröffentlichen. Diese erlaubt es Dir, dass Du Beiträge für lediglich 24 Stunden zugänglich machst. Hierbei sollte allerdings erwähnt werden, dass die Beiträge, die Du in Deine Story hochlädst, eine zeitliche Beschränkung besitzen. Das bedeutet demnach, dass Du keine 5 Minuten langen Videos in Deine Story stellen kannst, sondern lediglich Videos mit einer maximalen Länge von 90 Sekunden – selbst dies unterliegt neuesten Änderungen, denn bis Mitte 2022 belief sich die maximale Storylänge noch auf 60 Sekunden, vor einigen Jahren waren es sogar lediglich 15 Sekunden. Es ist also eine erhebliche Steigerung der möglichen Länge einer Story erkennbar.

Doch damit längst nicht genug. Instagram stellt auch diverse andere Formate zur Auswahl. Von IGTV bis hin zu „Reels“ ist alles dabei. So kannst Du mithilfe von IGTV, was eine Abkürzung für Instagram TV ist, Videos veröffentlichen, die eine Laufzeit von bis zu 60 Minuten besitzen und somit ein Vielfaches mehr als die Länge der Stories. Wem dieser Zeitraum zu lang ist, kann auch den Mittelweg wählen, der in den benannten „Reels“ besteht. Diese sind für das Hochladen von kurzen Videos konzipiert, die im Grunde genommen eine Mischform aus IGTV und den Stories sind. Reels löschen sich dabei nicht automatisch nach 24 Stunden wieder aus Deinem Profil, sondern sind für die anderen Nutzer*innen der Plattform durch das Besuchen Deines Profils kontinuierlich einsehbar.

Da es sich bis dato um Inhalte handelt, die Du bereits im Vorhinein aufgenommen hast und anschließend lediglich hochlädst, gibt es auch die Option, das Ganze in Form von Livestreams zu tun. Hierfür gibt es die Funktion „Instagram Live“, bei der die Nutzer*innen in Echtzeit mitverfolgen können, was Du gerade filmst. Demnach kannst Du die Nutzer*innen an Deinem Leben und dem, was Du in dem Moment tust, teilhaben lassen, während die Nutzer*innen, die Deinen Livestream sehen, kommentieren und mit Dir live interagieren können.

All diese Funktionen erlauben es natürlich nicht nur anderen Menschen Dich zu verfolgen, sondern ebenso auch, dass Du die Profile und dahinterstehenden Personen anhand von Feeds, IGTVs und Stories besser kennenlernst.

Damit Du andere Profile näher entdecken kannst, musst Du ihnen in Abhängigkeit zu ihren Profileinstellungen unter Umständen selbst zunächst folgen und kannst ihre Inhalte erst dann einsehen, wenn sie Deine Anfrage zum Verfolgen akzeptiert haben.

Damit die Beiträge in den sozialen Medien besser gefunden werden können, können explizite Hashtags angewandt werden. Diese kannst Du an den blauen Markierungen und dem vor den Hashtags stehenden Rautensymbolen erkennen. In Instagram kannst Du somit explizit nach bestimmten Schlagwörtern suchen, sodass Dir alle zu diesem Begriff gelisteten Beiträge angezeigt werden. Mehr hierzu allerdings im Kapitel „Die Verwendung von Hashtags".

Wie Du siehst, sind die Funktionen, die Du auf Instagram nutzen kannst, durchaus sehr vielfältig. Wenngleich die meisten Interaktionen, die auf Instagram stattfinden, somit publik sind und von allen Nutzer*innen eingesehen werden können, gibt es auch noch „Direct Messages". Hierbei handelt es sich um private Nachrichten, die unter den Nutzer*innen geschrieben werden können. Somit kannst Du in eine private Interaktion mit Deinen Follower*innen treten sowie den Profilen, die für Dich selbst vielleicht auch interessant sein mögen. Dabei muss es sich auch nicht zwangsläufig um Kommunikationen zwischen zwei Profilen handeln, da auch Gruppenchats auf Instagram in privaten Nachrichten geführt werden können.

In letztere Kategorie fallen somit im Grunde genommen auch die Reaktionen hinein, die Nutzer*innen auf Deine Stories haben. Aber was sind diese Reaktionen überhaupt? Wer sich eine Story ansieht, kann unten in der Story auf das Textfeld „Nachricht senden", wodurch eine neue Ansicht geöffnet wird. In dieser Ansicht kann proaktiv ausgewählt werden, ob die Reaktion mittels eines „Emojis" oder alternativ eines „Avatars" erfolgen soll. Sobald diese Reaktion versendet wird, erhalten die Ersteller*innen der entsprechenden Stories eine Benachrichtigung, dass auf ihre Story mit der jeweiligen Reaktion reagiert wurde.

## Privates oder öffentliches Konto - wo liegt der Unterschied?

Auf Instagram hast Du die Möglichkeit Dein eigenes Profil und den Zugriff darauf zu limitieren. Folglich kannst Du auswählen, ob Dein Profil für alle

Nutzer*innen von Instagram uneingeschränkt zugänglich sein soll oder ob es Dir lieber ist, dass Deine Inhalte, die Du veröffentlichst, lieber nur für Deine Follower*innen einsehbar sein sollen.

Welche der beiden Optionen Du schlussendlich für Dich und Dein Profil auswählen solltest, hängt mitunter davon ab, welchen Zweck Du mit Deinem Profil verfolgen möchtest und was Deine persönlichen Präferenzen bei dem Ganzen sind.

## Das private Konto

Verwendest Du auf Instagram ein privates Profil so sind Deine Beiträge und Inhalte lediglich für die Nutzer*innen einsehbar, die Dir folgen. Tun sie dies bisher noch nicht, so müssen sie zuvor eine Anfrage zum Folgen stellen, die Du entweder annehmen oder ablehnen musst. Entschließt Du Dich zur Annahme der Anfrage, so machst Du in diesem Augenblick Dein Profil für jene Person sichtbar, deren Anfrage Du angenommen hast. Infolgedessen hat sie die Möglichkeit, mit Deinen Beiträgen zu interagieren, Kommentare und Likes zu hinterlassen sowie ein privates Gespräch mit Dir zu beginnen.

Eine Ablehnung der Anfrage hingegen führt dazu, dass die Nutzer*innen Dir nicht folgen und somit auch keine Interaktionen mit Deinem Profil möglich sind. Folglich sehen die abgelehnten Nutzer*innen von

Deinem Profil lediglich das Profilbild, welches Du hinterlegt hast, sowie die Profilbeschreibung, die Du in Deinem Profil eingerichtet hast – und das ist tatsächlich das Einzige, was sie sehen können. Zwar können die abgelehnten Nutzer*innen durchaus sehen, wie viele Nutzer*innen Dir folgen oder wie vielen Nutzer*innen auch Du selbst folgst – jedoch ist für sie nicht ersichtlich, welchen konkreten Profilen Du folgst. Somit obliegt auch diese Möglichkeit ausschließlich den Nutzer*innen, die Du auch als Follower*innen für Dein Profil akzeptierst.

Profile, die von Nutzer*innen angelegt werden, die bei der Erstellung unter 18 Jahre alt sind, werden im Übrigen vollkommen automatisch erst einmal als private Accounts eingerichtet und können lediglich manuell auf „öffentlich" umgestellt werden.

## Das öffentliche Konto

Erstellst Du Dir auf Instagram ein Profil, welches öffentlich zugänglich ist, so kann jede*r Nutzer*in der Plattform auf Dein Profil zugreifen. Die einzige Einschränkung besteht in Nutzer*innen, die Du auf Deinem Profil blockiert hast und die dieses somit nicht mehr einsehen können. Besteht diese Blockierung jedoch nicht, so können alle Nutzer*innen der Plattform Deine Beiträge problemlos kommentieren und liken sowie einen privaten Chat mit Dir starten – und zwar unabhängig davon, ob sie Dir nun folgen oder nicht. Ebenso können die besagten Nutzer*innen all die Interaktionen durchführen, die Du im vorherigen Kapitel bereits kennengelernt hast.

Besuchen Nutzer*innen allerdings lediglich Dein Profil und treten in keine direkte Interaktion mit diesem, so wirst Du hierüber auch nicht informiert.

Profile, die von Nutzer*innen angelegt werden, die bei der Erstellung über 18 Jahre alt sind, werden im Vergleich zu den Profilen von unter 18 Jahre alten Personen, automatisch als öffentliche Profile eingerichtet. Eine Änderung zu einem privaten Profil ist allerdings über die Einstellungen jederzeit möglich.

## Wann es sinnvoll ist, ein privates Profil zu verwenden und wann Du lieber ein öffentliches nutzen solltest

In Abhängigkeit dazu, welche Ziele Du mit der Verwendung von Instagram verfolgen möchtest, bieten sich die unterschiedlichen Profilvarianten an. Wann Du lieber ein öffentliches und wann doch lieber ein privates Profil verwenden solltest, findest Du in diesem Kapitel heraus.

Vorweg solltest Du Dich zunächst damit befassen, wem Du Deine Inhalte zugänglich machen möchtest und mit wem Du eigentlich gerne in eine Interaktion treten möchtest.

Um heutzutage in eine Interaktion miteinander zu treten, erfordert es vor allem eins: Vertrauen!

Möchtest Du die Nutzer*innen auf Instagram erreichen, wirst Du somit nicht umherkommen, das Vertrauen der Nutzer*innen zunächst für Dich zu gewinnen. Dies schließt zudem auch ein, dass Du darauf achten solltest, Mehrwert zu schaffen.

Grundsätzlich solltest Du bei der Entscheidung, die Du für Dich treffen möchtest, auch die Präferenzen der Nutzer*innen, die Du erreichen möchtest, berücksichtigen. Ein Großteil der Nutzer*innen präferiert für den Austausch beispielsweise lieber in einer privateren Sphäre.

In der letzten Zeit hat tatsächlich auch die Bewegung von Influencer*innen und Marken dahingehend zugenommen, bisher öffentlich verwendete Profile privat umzustellen oder neue Profile anzulegen, die von vornherein als privat eingerichtet werden. Natürlich mag dies zunächst einen kontraproduktiven Eindruck erwecken, den Zugang zu Deinem Profil zu beschränken und somit förmlich Hürden für potenzielle Follower*innen zu erschaffen – jedoch kann dies durchaus sinnvoll sein.

Wann also kann es lohnenswert sein, dass Du Dein Profil auf privat umstellst?

Bedenke hierbei, dass Deine Inhalte in dieser Situation lediglich Deinen Follower*innen zugänglich gemacht werden und folglich auch nur Interaktionen durch diese stattfinden können. Dies trifft selbst dann zu, wenn Du Hashtags mit einem hohen Beliebtheitsgrad unter Deine Beiträge setzt, denn auch in diesen Situationen bleiben Deine Inhalte weiterhin lediglich für Deine Follower*innen sichtbar.

Wie bereits erwähnt sorgt ein privates Profil schlussendlich auch dafür, dass interessierte Nutzer*innen förmlich dazu gezwungen sind, Dir eine Anfrage zum Folgen zu stellen. Doch genau dies birgt auch gewisse Chancen, da ein Anreiz geschaffen wird, Dir folgen zu wollen – schließlich sind die Inhalte eben nicht einfach für jeden einsehbar.

Seit 2019 ließ sich ein zunehmender Trend dahingehend erkennen, dass die Nutzer*innen sich eine stärkere Privatsphäre von Profilen sowie personalisierten Content wünschten. Dies wurde auch anhand von diversen Facebook-Gruppen erkennbar, die sich einer zunehmenden Beliebtheit erfreuen konnten.

Letztlich sorgt die Limitierung der Zugänglichkeit auf Deine Inhalte für die Suggerierung des Eindrucks, dass es Dir bedeutend wichtiger ist, Deine Inhalte qualitativ aufzubauen anstelle dessen einen erheblichen Wert auf Deine Reichweite zu legen. Folglich stellt sich bei denjenigen, die Dir bereits folgen, auch das Gefühl ein, dass die Inhalte, die Du auf Deinem Profil veröffentlichst, genau auf die Bedürfnisse und Wünsche abgestimmt sind, die die Follower*innen besitzen – quasi ein Privatbereich ausschließlich für sie – Stichwort Exklusivität.

Es ist förmlich als stünde ein Türsteher vor Deinem Content, der diesen bewacht und dafür Sorge trägt, dass ihn nur bestimmte Personen zu Gesicht bekommen. Hier kann so schnell die Frage aufkommen, warum dies überhaupt notwendig ist, was bei Nutzer*innen schnell zu FOMO, sprich Fear of missing out, also der Angst, dass sie womöglich etwas verpassen könnten, führt.

Stellst Du also Dein Profil auf Instagram so ein, dass es privat ist, bringst Du Deinen Follower*innen unweigerlich ein Gefühl der Wertschätzung entgegen und weckst bei den potenziellen Follower*innen das Empfinden der Neugierde. FOMO kannst Du hierbei im Übrigen ganz gezielt für Dich nutzen, wenn Du beispielsweise ein neues Produkt veröffentlichen möchtest. Follower*innen, die Dir somit bereits folgen, können einen ersten Blick auf ein noch nicht veröffentlichtes Gerät erhaschen, was eine gewisse Exklusivität mit sich bringt, während neuen Follower*innen ein Anlass gegeben wird, das Folgen für Dein Profil anzufragen.

Was uns zu dem nächsten Aspekt des Ganzen bringt, denn ein privates Profil kann durchaus dazu beitragen, dass Du mehr Follower*innen für Dich gewinnen kannst.

Du weißt bereits, dass es erforderlich ist, einem Profil, was auf privat gestellt ist, zunächst zu folgen, bevor Du jegliche Inhalte darauf einsehen kannst. Nachdem Instagram einst eine Veränderung des Algorithmus vornahm, infolge der es bedeutend schwerer wurde, neue Follower*innen für sich zu gewinnen, trat der Trend ein, Profile auf privat umzustellen. Der Grund hierfür ist denkbar einfach, denn sobald Inhalte von Deinem Profil mit anderen Nutzer*innen geteilt werden, die Dir bis zu diesem Zeitpunkt noch nicht gefolgt sind, werden förmlich dazu animiert, den Folgen-Button für Dein Profil zu betätigen, um zu erfahren, was die anderen Nutzer*innen der Plattform eigentlich mit ihnen geteilt haben.

Worauf es ankommt, nachdem Du die Follower*innen erst einmal für Dich gewinnen konntest, ist das Halten dieser. Zweifelsohne müssen Nutzer*innen in ihrem Profil angemeldet sein, um Dir folgen zu können – gleiches gilt dabei auch, wenn sich jemand dazu entschließt, einem privaten Profil wieder entfolgen zu können. Bei öffentlichen Profilen reicht an dieser Stelle ein einfacher Klick – bei privaten Profilen hingegen taucht bei den Nutzer*innen ein kleines Pop-Up-Fenster auf, welches sie danach fragt, ob sie sich sicher sind, Dir entfolgen zu wollen. Eine durchaus effektive Frage, die dazu beitragen kann, die Nutzer*innen vielleicht zu einem Umdenken zu bewegen und weiterhin Follower*innen Deiner Seite zu bleiben.

Zu guter Letzt sorgt ein privates Profil zudem zweifelsohne auch für eine bessere Kontrolle. Klar, auf den ersten Blick mag sich für Dich vielleicht ein befremdliches Gefühl einstellen, doch das private Profil sorgt eben auch dafür, dass Du ganz genau kontrollieren kannst, wen Du eigentlich für Dich als

Follower*in gewinnen möchtest. Schließlich dreht sich auf Instagram ein Großteil um den Aufbau echter Beziehungen und das Schaffen von Mehrwerten für die Zuschauerschaft.

Entsprechend der gelten Definition sind die sozialen Medien tatsächlich öffentlich – allerdings gibt es durchaus Nutzer*innen, die eher gewillt sind, Dir ein Feedback zukommen zu lassen, wenn sie sich darüber im Klaren sind, dass dies in einem geschützteren Raum geschieht. Diesen kleinen geschützteren Raum schaffst Du eben dadurch, dass Du die private Einstellung für Dein Profil wählst und somit auch Trolle ohne Weiteres umgehen und verbannen kannst.

Letztlich sollte aber auch klar erwähnt werden, dass sich ein privates Profil eben nicht für jeden eignet.

Solltest Du Dein Profil auf Instagram von vornherein als Unternehmensprofil eingerichtet haben, so wirst Du gar nicht erst die Möglichkeit dazu haben, dieses direkt und ohne Umwege in ein privates Profil umzuwandeln. Damit Dir dies gelingt, musst Du somit zunächst den Zwischenschritt gehen, Dein Unternehmensprofil in ein persönliches Profil umzuwandeln, welches Du dann wiederum in ein privates Profil umstellen kannst. Folglich würdest Du in einem solchen Fall jedoch auch den Zugriff auf die Vorzüge verlieren, die durch Analytics und diverse weitere

Optionen zum Promoten von Content oder dem Schalten von Instagram-Anzeigen mit einem Unternehmensprofil einhergehen.

Dass es Unternehmensprofilen nicht ohne Weiteres ermöglicht wird, diese in private Profile umzustellen, spricht allerdings eine klare Sprache, die offenbart, dass es von Instagram nicht erwünscht oder vorgesehen ist, diesem Trend Unterstützung zukommen zu lassen. Des Weiteren stellt dies förmlich eine Strafe für diejenigen dar, die die Entscheidung treffen, ein Unternehmensprofil in ein privates umwandeln zu wollen.

Auf dem Weg der Umstellung des Profils, stellt dies somit auch im Grunde genommen fast schon das größte Hindernis dar.

Tatsächlich gehst du unter Umständen mit dem Umstellen auf ein privates Profil auch das Risiko ein, dass sich mögliche Follower*innen von Dir abwenden könnten. Dies ist insbesondere dann gegeben, wenn Deine Follower*innen abgesehen von dem FOMO-Faktor keinen weiteren Anlass dazu sehen, Dir zu folgen. Wenn dem so ist, wäre das Limitieren des Zugriffs auf Deine Inhalte eher kontraproduktiv anzusehen – vor allem dann, wenn Du Dich dazu entschließen würdest, die Anfrage zum Folgen auf einem privaten Profil anzunehmen und dann nicht den Erwartungen, die diejenigen an Dich und Deinen

Content besaßen, zu erfüllen. Eine solche Situation kann folglich schnell zu der Entstehung des Eindruckes beitragen, dass es gezielt Deine Intention gewesen sei, die Nutzer*innen durch falsche Voraussetzungen dazu zu animieren, Deinem Profil zu folgen – doch genau das führt eben zeitgleich auch dazu, dass die Leute langfristig eine Abneigung Dir beziehungsweise Deiner Marke gegenüber entwickeln.

Zudem führt eine Verwendung eines privaten Profils im Vergleich zu einem öffentlichen Account dazu, dass Deine Inhalte, die Du veröffentlichst, nicht in öffentlichen Feeds einsehbar sind geschweige denn auf der Explore-Seite gelistet werden – und zwar selbst dann nicht, wenn Du sie mit beliebten, expliziten Hashtags versiehst. Dementsprechend ist es bei privaten Profilen auch nicht möglich, dass Du Deine Inhalte auf einer Webseite verlinkst oder sie aktiv einbettest. Diese Tatsache kann erhebliche Auswirkungen auf das Potenzial haben, was Du oder Deine Marke mit sich bringen, um eine Erweiterung Deiner Präsenz zu erzielen.

Was also tun, um die richtige Entscheidung zu treffen?

Glücklicherweise ist eine solche Entscheidung nicht in Stein gemeißelt und unumkehrbar.

Es kann durchaus sinnvoll sein, Dich für ein privates Profil zu entscheiden, wenn Du kurzzeitig eine

Strategie umsetzen möchtest, die dazu dienlich ist, eine Förderung der Exklusivität zu erzeugen. Dies macht vor allem dann Sinn, wenn Du zum Beispiel gerne ein neues Produkt auf den Markt bringen möchtest.

Auch wenn Du oder Deine Marke tendenziell eher in eine Nische einzuordnen seid, kann es auf lange Sicht hin Sinn ergeben, Dich für ein privates Profil zu entscheiden, um den FOMO-Faktor für Dich nutzen zu können.

Möchtest Du jedoch gezielt daran arbeiten, Dir wirklich eine große Reichweite aufzubauen und Dich sowie Deine Marke für ein neues Publikum zugänglich zu machen, so solltest Du tendenziell eher davon absehen, Dein Profil als privat einzustellen, da Dir hierdurch womöglich Follower*innen entgehen könnten, die voller Begeisterung hinter Dir stehen würden, da Du ihnen das gibst, was sie immer gesucht haben. Folglich entstünde hierbei für alle Seiten ein erheblicher Verlust.

## Bans auf Instagram

Ist Dir im Zusammenhang mit Instagram bereits einmal der Begriff des „Bans" begegnet? Falls nicht, ist es zunächst wichtig, dass Du weißt, dass es sich bei dem sogenannten Ban um eine Beschränkung handelt, die von Instagram für Dein Profil über einen gewissen Zeitraum hinweg verhängt werden kann. Eine solche Beschränkung könnte beispielsweise darin bestehen, dass Instagram Dir das Vornehmen gewisser Handlungen vorübergehend blockiert.

Ein solcher Ban sorgt somit dafür, dass Du für einen gewissen Zeitraum die Interaktionen, für die Du blockiert wurdest, eben nicht mehr verwenden kannst.

Wie aber kann es überhaupt zu einem Ban kommen?

## Die Entstehung von Bans

Im Grunde genommen verhängt Instagram Einschränkungen für ein Profil dann, wenn bestimmte Interaktionen in einem zu hohen Ausmaße verwendet wurden und folglich als Spam kategorisiert werden. Die Ursachen hierfür können unterschiedlich sein.

So gibt es beispielsweise Bans, die besonders dann auftreten, wenn Du in einem kurzen Zeitraum eine Vielzahl an Kommentaren verfasst oder Likes vergeben hast.

Allerdings kann ein Bann auch dann entstehen, wenn Du zu vielen Personen binnen kürzester Zeit auch Instagram entfolgst.

Übermäßig viele Interaktionen können bei dem Algorithmus von Instagram schnell den Anschein erzeugen, dass ein Bot für die Nutzung Deines Profils zuständig ist. Doch eine solche Verwendung verstößt gegen die sozialen Nutzungsbedingungen, die Instagram für seine Plattform aufgestellt wird. Sobald Instagram also feststellt, dass Dein Profil potenziell mit einem Bot in Verbindung steht, kommt es zu einer vorrübergehenden Sperrung aufgrund von Spam.

Versuchst Du während dieses Zeitraumes dann bestimmte Interaktionen auszuführen, für die Du den besagten Ban erhalten hast, erscheint eine Meldung auf Instagram, die besagt, dass Deine Handlung blockiert wurde und Du es zu einem späteren Zeitpunkt erneut probieren sollest. Auch findest Du in der Fehlermeldung die Erklärung, dass Instagram darauf bedacht sei, die Community zu schützen und folglich dazu berechtigt ist, gewisse Handlungen und Inhalte

einzuschränken, Du sie aber bitte kontaktieren mögest, sofern Du der Meinung seist, dass es sich hierbei um einen Fehler handle.

Wie lange ein Ban bestehen bleibt, kann tatsächlich variieren und obliegt somit der individuellen Entscheidungshabe von Instagram selbst. Entscheidend für die Dauer ist allerdings insbesondere die Art des Verstoßes sowie in welchem Maße Du diesen Verstoß begangen hast. Im Durchschnitt beläuft sich die Einschränkung eines Profils auf etwa 48 Stunden bis 14 Tage.

Wie bei so vielem gilt allerdings auch bei einem Ban, dass dieser nicht zwangsläufig in Stein gemeißelt ist und Du somit durchaus Möglichkeiten hast, gegen diese Sperrung anzugehen, um sie entfernen zu lassen. Als erste Maßnahme ist es hierbei entscheidend, dass Du Instagram einen Beweis darüber lieferst, dass Du kein Bot bist, sondern hinter Deinem Profil ein echter Mensch steht. Ein solcher Nachweis kann am besten erbracht werden, indem Du eine simple Verknüpfung von Deinem Instagram-Profil mit Deinem Facebook-Konto vornimmst. Eine solche Verknüpfung kannst Du herstellen, indem Du die Einstellungen Deines Instagram-Kontos öffnest und dann den Button „Verknüpfte Konten" antippst.

Neben der Profilverknüpfung kannst Du zudem eine Deinstallation von Instagram auf Deinem Endgerät vornehmen, um die App im Anschluss erneut herunterzuladen. Dies hilft allerdings meist nur dann, wenn es sich um eine Blockierung handelt, die lediglich einmalig vorgenommen wurde.

Nebst diesen Maßnahmen empfiehlt es sich, dass Du Dich versuchst, möglich inaktiv auf Instagram zu verhalten, um den Ban nicht weiter auszureißen. Folglich solltest Du es tunlichst vermeiden Kommentare unter anderen Bildern und Videos zu verfassen, diese zu liken, anderen Profilen zu folgen oder zu entfolgen sowie eigene Inhalte auf Deinem Profil zu veröffentlichen. Hältst Du Dich an dieses Prozedere so entfernt sich der Ban meist wieder von ganz allein.

Hierbei solltest Du allerdings nicht erwarten, dass Du eine Information darüber erhältst, dass die Sperrung wieder aufgehoben wurde, denn dies wird nicht passieren. Dementsprechend gilt es nach dem Abwarten einiger Zeit einfach noch einmal zu testen, ob es Dir nun wieder möglich ist, im Nachgang der gewissen Zeit Inaktivität, wieder bestimmte Interaktionen durchzuführen ohne, dass Du eine Fehlermeldung angezeigt bekommst. Grundsätzlich besteht aber natürlich jederzeit auch die Möglichkeit dazu, Instagram zu kontaktieren, das vorliegende Problem darzulegen und somit in einen persönlichen Dialog zu treten, um die Problematik lösen zu können.

## Der Shadow Ban

Neben Einschränkungen, die Deine Interaktionen auf Instagram limitieren, gibt es auch den sogenannten Shadow Ban, der Deine Reichweite einschränkt – natürlich ohne Dich über diese Gegebenheiten wirklich zu informieren.

Wird für Dein Profil also ein Shadow Ban verhängt, sorgt dies infolgedessen dafür, dass niemand mehr Deine Inhalte angezeigt bekommt – außer die Personen, die ohnehin bereits Follower*innen Deines Profils sind.

Aus der Sicht von Instagram selbst kann es durchaus sinnvoll sein einen Shadow Ban aufzuerlegen, denn auf diese Weise haben sie die Möglichkeit dazu, eine Sperrung all jener Nutzer*innen herbeizuführen, die gegen die Community Guidelines, die auf Instagram gelten, verstoßen. Hierzu gehört neben die Verwendung von übermäßig vielen beitragsunabhängigen Hashtags auch das Nutzen von Bots. Instagram versucht durch diese Art des Bans zu vermeiden, dass Nutzer*innen, die diesen Ban verhängt bekommen haben, einfach ein neues Profil erstellen, da sie von den Einschränkungen nichts wissen.

In den letzteren Jahren hat sich vermehrt die Frage danach aufgetan, ob es diese Art des Bans denn nun wirklich gebe oder auch nicht. Wenngleich Instagram selbst angibt, dass es etwas wie einen Shadow Ban nicht gebe, gibt es genügend Nutzer*innen die sicher sind, dass sie bereits einen solchen Ban verhangen bekommen haben. Die Ursachen hierfür sind ebenso vielfältig wie die bei einem herkömmlichen Ban. Was in jedem Fall allerdings aus gesicherter Quelle von Instagram selbst stammt, ist die Gewissheit darüber, dass sie eine Einschränkung der Accountreichweite vornehmen, sobald sie feststellen, dass gegen die Community Guidelines verstoßen wird.

Wie aber kannst Du nun herausfinden, ob Du selbst womöglich auch von einem Shadow Ban betroffen bist?

Das ist tatsächlich gar nicht allzu schwer ausfindig zu machen. Es reicht vollkommen aus, wenn Du Dir ein neues Profil auf Instagram erstellst oder jemanden mit einem bestehenden Profil fragst, ob die Person Dir helfen könne. Sobald Du also einen neuen Account verwenden kannst, kannst Du anhand der Hashtags, die Du unter Deinen Beiträgen gesetzt hast, in der Suchfunktion aktiv auf die Suche nach Deinen Beiträgen gehen. Stellst Du hierbei fest, dass Deine Beiträge dort plötzlich nicht mehr gelistet sind, kannst Du mit an Sicherheit grenzender Wahrscheinlichkeit davon ausgehen, dass auch Dein Profil von einem Shadow Ban betroffen ist.

Ein solcher Ban wird von Instagram jedoch in der Regel nicht einfach so verhangen, sondern liegt diversen Ursachen zugrunde.

Vorrangig gibt es vier bekannte Ursachen – eine davon hast Du bereits kennengelernt. Ein Shadow Ban kann Dir somit verhangen werden, wenn Du zu vielen Accounts binnen kurzer Zeit folgst, zu viele Inhalte auf Deiner Seite veröffentlichst oder Du zu viele Likes verteilst. Wenn Du also beispielsweise binnen einer Stunde plötzlich 100 neuen Leuten auf Instagram folgst, liegt die Vermutung nicht fern, dass hier ein Bot im Spiel sein könne.

Neben dieser Ursache kannst Du auch für Bots, broken Hashtags oder zu häufige Meldungen Deines Profils einen Shadow Ban erhalten.

Bei den Bots geht es vor allem um Tools, die dafür vorgesehen sind, eine größere Reichweite zu erzeugen. Instagram hat hierfür mittlerweile einen entwickelten Algorithmus, der binnen kürzester Zeit auffällige Aktivitäten erkennen kann.

Ähnlich gilt dies auch bei der Verwendung von Hashtags, die ebenso durch einen Algorithmus einer kontinuierlichen Prüfung unterliegen. Zweifelsohne gibt es gewisse Hashtags, die besonders häufig auf Instagram zum Einsatz kommen. Verwendest Du jedoch eine Vielzahl dieser bestimmten Hashtags unter Deinen Beiträgen, so kann dies schnell dazu führen, dass Du ebenfalls gegen die Community Guidelines verstößt. Dies kann beispielsweise der Fall sein, wenn Du einen vermeintlich harmlosen Hashtags nutzt, wie es unter Umständen bei „#depression" der Fall ist. Spezifische Hashtags werden binnen kürzester Zeit von Instagram ausfindig gemacht und die Nutzung aufgrund einer Sperrung der Hashtags eingeschränkt. Um zu vermeiden, dass Deinem Profil aufgrund inkorrekt beziehungsweise gebannter genutzter Hashtags ein Shadow Ban verhängt wird, kannst Du jederzeit auf bannedhashtags.com prüfen, welche Hashtags eigentlich aktuell gesperrt sind. Dies kann Dir präventiv dabei helfen, von vornherein gar nicht erst einen Shadow Ban verhängt zu bekommen.

Eine weitere Option für die Entstehung eines Shadow Bans könnte es sein, dass Dein Profil zu häufig von anderen Nutzer*innen gemeldet wurde. Dies kann schlimmstenfalls nicht nur zur Verhängung eines Shadow Bans, sondern sogar zur Sperrung Deines gesamten Profils führen. Gerade mit diesem Wissen solltest Du also unbedingt davon absehen, Inhalte zu produzieren oder diese zu veröffentlichen, die anstößig wirken und folglich dazu führen könnten, dass andere Nutzer*innen Dein Profil auf Instagram melden.

## Die richtige Verwendung der Plattform

Wenn etwas leicht zu lesen ist,
dann war es schwer zu schreiben.
*- Enrique Jordiel Poncela*

Wenn Dein Ziel darin besteht, Dir Follower*innen auf Instagram aufzubauen und diese womöglich sogar zu Kund*innen werden zu lassen, wirst Du es nicht umgehen können, Instagram richtig zu verwenden. Eine richtige Verwendung schließt dabei eine Prägung sowohl auf emotionaler als auch persönlicher Ebene ein. Damit Dir dies gelingen kann, ist es unumgänglich, dass Du entsprechende Inhalte auf Deinem Profil veröffentlichst, die aussagekräftiger sind als Worte, die Du in einem langen Blogbeitrag umfassen würdest, überhaupt sein könnten.

Wie Du bereits erfahren hast, stellt Instagram eine der Social Media Plattformen dar, die das größte Wachstum verzeichnen können und findet sich dementsprechend sehr weit oben auf der Skala der Beliebtheit wieder. Somit gibt es kaum noch eine Plattform, die sich höher ansiedeln lässt – was auch die Zahlen der regelmäßigen Nutzer*innen klar aufzeigen.

Möchtest Du also insbesondere eine junge Altersgruppe ansprechen, sollte Instagram in jedem Fall Dein Mittel der Wahl sein. Nicht zuletzt geht von Instagram auch ein gewisses Suchtpotenzial aus. Das heißt, dass oftmals aus 10 Minuten, die man auf der Seite verbringen wollte, letztlich eine deutlich längere Zeit wird – und genau dies geht auch aus diversen Statistiken hervor.

Seit einigen Jahren stehen Instagram und Facebook in einem unmittelbaren Zusammenhang miteinander, wodurch auch das sogenannte Crossposting möglich ist. Somit ist es Dir möglich, dass Du mit lediglich einem einzigen Klick die Inhalte, die Du auf Instagram veröffentlich hast, auch direkt auf Deinem Facebook teilst.

## Die Bedeutung der richtigen Verwendung

Es kursieren eine Vielzahl unterschiedlichster Tipps und Tricks, die beschreiben, wie Du Deine Inhalte so veröffentlichen kannst, dass sie eine möglichst große Zuschauerschaft erreichen können. Das theoretische Wissen allein reicht jedoch in den meisten Fällen nicht aus, sodass es spätestens in der praktischen Umsetzung scheitert. Kaum verwunderlich also, dass der Algorithmus, der auf Instagram eine bedeutende Rolle einnimmt, nicht so genutzt wird, wie es an sich möglich wäre.

Jene Situation bringt für Dich allerdings einen entscheidenden Vorteil mit sich, denn dadurch besteht für Dich auch heute noch die Chance, die Bekanntheit Deines eigenen Profils zu steigern oder Dir überhaupt erst einmal eines anzulegen. Letzten Endes wäre es doch schade, wenn Du diese Möglichkeit für Dich und Dein Marketing nicht wahrnimmst, wobei die Chance noch immer besteht, ein kostengünstiges Marketing auf einer der wohl beliebtesten Social Media Plattform anzustreben.

Die vergleichsweise geringen Kosten, die auf Dich zukommen, wenn Du auf Instagram gerne Werbeanzeigen schalten möchtest, bergen eine gewisse Lukrativität. Dementsprechend bedeutet dies für Dich, dass Du mit einem vergleichsweise geringen Budget ein hohes Return on Investment durch die dadurch entstehende Reichweite und das Ansprechen potenzieller Follower*innen und Kund*innen erzielen kannst. Zweifelsohne steht außer Frage, dass die Preise nicht ewig auf dem gleichen Niveau bestehen bleiben können, sondern auch ansteigen werden – doch umso wichtiger ist es, dass Du nicht allzu viel Deiner Zeit lediglich mit dem Abwarten verschwendest, sondern lieber alsbald mit dem Marketing auf Instagram beginnst.

Vor allem in der heutigen Zeit, in der es zunehmend wichtiger und relevanter geworden ist, sich einen Nebenverdienst aufzubauen und mithilfe von diversen Plattformen etwas dazuzuverdienen, solltest Du Dir die Möglichkeit nicht entgehen lassen.

Du kannst Instagram dabei nicht nur nutzen, um Dein Unternehmen zu monetarisieren, sondern ebenso auch Dich selbst. Ein immenser Vorteil, den Instagram für das Ganze mit sich bringt, besteht darin, dass Instagram ortsunabhängig umgesetzt werden kann, sodass Du Dich überall auf der Welt befinden und dennoch langfristig Geld mit Instagram verdienen kannst. Je intensiver Du Dich in die Materie hineinarbeitest und desto mehr Du letztlich damit verdienst, desto eher ist es womöglich sogar im Rahmen der Möglichkeiten, dass Instagram einen vollständigen 9 to 5-Job ersetzen kann. Letztlich bietet Dir zum aktuellen Zeitpunkt kaum eine andere Plattform auch nur annähernd die gleiche Chance.

Dass Instagram sich eines so erheblichen Erfolges erfreuen kann, liegt nicht zuletzt auch an den Personen, die für die Führung des Unternehmens verantwortlich sind und die sich intensiv damit befassen, welche Bedürfnisse die Nutzer*innen eigentlich begleiten. Dies gelingt ihnen insbesondere durch ein erhebliches Einfühlungsvermögen und das Ableiten von entsprechenden Angeboten.

Um das maximale Potenzial von Instagram ausschöpfen zu können, wirst Du schlussendlich aber nicht darum umherkommen, Instagram mitsamt einiger Hintergrundinformationen näher kennenzulernen. Dies schließt unter anderem auch die Anwendung von angemessenen Marketingmaßnahmen ein, wozu Du mehr im Kapitel „Die Monetarisierung Deines Kontos" erfahren wirst. Um die Marketingmaßnahmen überhaupt erst richtig anstreben zu können, erfordert es einen adäquaten Content von Dir. Wie Du diesen erstellen kannst und worauf es ankommt, erfährst Du ebenfalls in einem späteren Kapitel.

Eines ist bei allem jedoch stets gewiss: Die Konkurrenz schläft nicht – gerade vor diesem Hintergrund solltest Du die Optimierung Deines Profils schnellstmöglich vornehmen, um Instagram so verwenden zu können, dass der größte Nutzen darauf für Dich resultiert. Dafür reicht es allerdings nicht aus, dass Du gute Bilder auf Deinem Profil veröffentlichst, sondern erfordert auch die Berücksichtigung einiger weiterer Feinheiten, um Instagram wirklich profitabel nutzen zu können.

Letztlich solltest Du Dich unbedingt tiefgreifend mit all den Features befassen und Dir diese aneignen, die Instagram Dir zur Verfügung stellt. Dabei ist Instagram tatsächlich ohnehin sehr fortschrittlich und bringt immer wieder neue spannende Neuerungen heraus, die es Dir erlauben, Deine Sichtbarkeit zielgerichtet zu verstärken und weitere neue Follower*innen für Dich zu gewinnen. Insbesondere 2022 lag der Fokus von Instagram mitunter auf der Unterstützung von kleineren Unternehmen sowie dem Motto „Wirbleibenzuhause". Letzteres zeigt somit, dass die Solidarität nicht ausschließlich dafür da ist, dass das Miteinander gestärkt wird, sondern ebenso auch dafür, Deine eigene Sichtbarkeit zu erhöhen – was übrigens absolut normal ist, denn vor allem Features, die neu auf der Plattform eingebunden werden, werden im größten Umfang vorangetrieben. Dieses Wissen erlaubt es Dir, den auf Instagram geltenden Algorithmus für Dich anzuwenden und mehr Menschen anzusprechen.

## Die Lukrativität der Verwendung von Instagram

Wie Du vielleicht bereits aus den vergangenen Kapiteln herauslesen konntest, macht es durchaus Sinn, Instagram für Dich zu verwenden, wenn Du neue Follower*innen und Kund*innen für Dich gewinnen und begeistern möchtest. Aber warum ist Instagram überhaupt so lukrativ?

Zum einen besteht die Begründung in der erheblichen Anzahl monatlich aktiver Nutzer*innen. Neben diesen sind auf Instagram mehr als 8 Millionen Konten eingerichtet, die Unternehmen zugeordnet werden können.

Doch um es vorweg einmal grundliegend zu erklären, was hinter dem Instagram Marketing überhaupt steckt – schließlich ist Instagram nicht unberechtigt eine optimale Marketingstrategie, um verschiedenste Zielgruppen anzusprechen.

Eine der Optionen, die Du nutzen kannst, um Dein Instagramprofil für Marketingzwecke zu verwenden, besteht darin, dass Du Anzeigen schaltest. Dabei kannst Du auch Bilder verwenden, um sie als Posts zu schalten. Nebenher besteht natürlich auch die Möglichkeit, dass Du Stories veröffentlichen kannst. Die weiteren Optionen, die Dir Instagram offeriert, hast

Du bereits eingangs in dem Kapitel der Aktionen kennengelernt.

Schlussendlich kannst Du natürlich auch mit Influencer*innen in Kontakt treten, um ein gegenseitiges Reposten anstreben zu können. Das heißt auf diese Weise werden auf Deinem Profil die Inhalte der anderen Personen ausgestrahlt und ebenso auch andersherum, wodurch sich die Reichweite zweifelsohne auch noch einmal erhöhen lässt. Somit ist es bei der Option des Repostens nicht ungewöhnlich, dass gewisse Bilder und Videos eine verstärkte Aufmerksamkeit erfahren.

Letzten Endes ist es das, worum es beim Marketing geht – gesehen zu werden. Das heißt Du kannst jederzeit selbst darüber entscheiden, welche Inhalte Du auf Deinem Profil gerne veröffentlichen möchtest. Somit steht es Dir auf jederzeit frei, dass Du den Besucher*innen Deines Profils Deine Dienstleistungen, Deinen Lifestyle oder Deine Produkte zeigst. Letztere sorgen natürlich noch einmal für eine gewisse Sichtbarkeit, was nicht selten auch in darin resultiert, dass diese Leute auch zu Deinen Kund*innen werden, Dir demnach also Umsatz einbringen und für eine Erhöhung Deiner Bekanntheit sorgen.

Letztlich musst Du aber keinesfalls Dienstleistungen oder Produkte in den Vordergrund stellen, sondern kannst auch Dich selbst und das Leben, was Du lebst, in den Vordergrund rücken. Entgegen der Annahme, dass dies egozentrisch sei, kann es vielmehr ein gewisses Interesse wecken. Lebst Du beispielsweise ein besonders gesundes Leben und betreibst gerne Sport? Zeigst Du auf Deinem Profil Fotos von Deinen sportlichen Aktivitäten und den Gerichten, die Du immer wieder frisch zubereitest?

Genau das kann für Unternehmen von erheblichem Interesse sein, die sich auf den Bereich des Sportes und der dazugehörigen Ernährung spezialisiert haben. Nennst Du jene Produkte auf Deinem eigenen Profil oder strebst gar Werbung für diese an, so sorgst Du für eine Erhöhung der Markenbekanntheit.

Im Umkehrschluss bedeutet dies folglich auch, dass es vollkommen irrelevant ist, womit Du Dein Profil befüllen möchtest, solange Du ein klares Ziel vor Augen hast. Das heißt für Dich, dass Du sowohl mit speziellen Hobbys sowie auch als Sportler*in oder Unternehmen Deine Persönlichkeit oder Deine Marke stärken, die Bekanntheit erhöhen und Dein Profil monetarisieren kannst.

Sicherlich solltest Du hierbei bedenken, dass die Inhalte, die Du auf Deinem Profil veröffentlichst, Emotionen bei den Zuschauer*innen wecken sollten, sodass sie begeistert von Deinen Inhalten sind. Und da es bei Instagram zwar vorrangig um visuelle Inhalte geht, jedoch nicht ausschließlich, solltest Du immer auch dafür Sorge tragen, dass Du Deine Inhalte mit den entsprechenden emotionalisierten Texten versiehst, die die Leser*innen zum Nachdenken bewegen. Entgegen dem, was Du womöglich von anderen Plattformen bereits kennen magst, benötigst Du für die Erstellung von Posts auf Instagram nicht ewig viel Zeit. Allerdings empfiehlt es sich in Erwägung zu ziehen, die Beiträge auf Instagram vorzuplanen, sodass Du täglich etwas auf Deinem Profil veröffentlichen kannst – denn auch die Kontinuität ist auf Instagram extrem wichtig.

## Die richtige Einrichtung der App

Es steht wohl außer Frage, dass Du, bevor Du die App überhaupt aktiv nutzen kannst, erst einmal den Download starten musst. Die App kannst Du dabei in dem entsprechenden App-Store auf Deinen mobilen Endgeräten finden.

Sobald Du den Download erfolgreich abgeschlossen hast und die App das erste Mal öffnest, geht es um die Einrichtung Deines Profils. Hierbei solltest Du

Dich zunächst mit der Frage befassen, ob Du nun das öffentliche oder doch lieber das private Profil einrichten möchtest. Liegt Deine Intention mit der Verwendung von Instagram auch darin, dort aktiv Werbung zu schalten oder Werbemaßnahmen für Dein eigenes Unternehmen vorzunehmen, so empfiehlt es sich, dass Du in jedem Fall ein Unternehmensprofil anlegst. Bevor wir aber tiefer in die Thematik des Unternehmensprofils einsteigen, solltest Du Dir das richtige Mindset zulegen, das Dich bei Deinem Vorhaben mit Instagram begleitet. Denn wenn Du kein richtiges Mindset hast, nach dem Du auf Instagram arbeitest, ist es tatsächlich eher unwahrscheinlich, dass es Dir gelingen wird, Instagram so zu verwenden, dass es eine ansprechende Wirkung auf potenzielle Follower*innen besitzt.

Was aber bedeutet dieser Aspekt nun im Detail?

Nun, grundsätzlich solltest Du Dir erst einmal das Vorhaben setzen, dass Du in Dein Profil auf Instagram möglichst viel Persönlichkeit einfließen lässt. Nimm Dir hierbei als Orientierung beispielsweise die Nutzung von Facebook. Ist es Dein Vorhaben auf Instagram ein Profil anzulegen, wo Du als Berater*in, Coach oder mit einem anderen Business erfolgreich wirst, was sich unmittelbar auf Dich als Person bezieht? Wenn dem so ist, solltest Du unbedingt Dein eigenes

Profilbild zusammen mit Deinem eigenen Namen verwenden.

Wenn Dein Fokus allerdings eher auf Deinem Business liegt, welches Du für die Nutzer*innen publik machen möchtest, wie es mitunter bei einem Restaurant, einem Onlineshop oder auch einem Unternehmen, welches mehrere Mitarbeiter*innen umfasst, der Fall ist, ist es wichtig, dass Du nicht als Privatperson in Erscheinung trittst, sondern Dein Profilbild idealerweise das Unternehmenslogo darstellt und der Name Deines Profils den Unternehmensnamen darstellt. Natürlich ist der Vorgang der Einrichtung des Profils vom Grundprinzip her identisch wie der eines privaten Profils, doch die klare Empfehlung gilt für das Unternehmensprofil.

Der Grund hierfür ist denkbar simpel. Zwar mag es auf den ersten Eindruck keine bedeutenden Unterschiede zwischen einem persönlichen und einem Unternehmensprofil geben, doch sobald Du Instagram wirklich aktiv für das Marketing anwenden möchtest, wirst Du schnell erkennen, dass nur das Unternehmensprofil Dir die Möglichkeiten bietet, die Du wirklich benötigst. Schließlich umfasst ein Unternehmensprofil schlichtweg Funktionen, die in einem persönlichen Profil nicht integriert sind.

Im Detail gibt es vor allem zwei wichtige Eigenschaften – die Kontaktmöglichkeiten und die Statistiken.

Bei den Kontaktmöglichkeiten, die Dir bei einem Unternehmensprofil angeboten werden, wird auf Deinem Profil ein Button für den Kontakt angezeigt. Hinter diesem Button kannst Du Deine Email sowie Deine Telefonnummer hinterlegen, sodass die Interessent*innen bei Bedarf umgehend mit Dir in Kontakt treten können – und zwar ohne, dass sie eigenständig dazu gezwungen sind, sich ihre Informationen, die sie benötigen, über Deine Homepage oder anderweitig zu beschaffen.

Nicht weniger bedeutsam – vielleicht sogar noch bedeutender – sind die Statistiken, die Dir eine konkrete Analyse erlauben. Sie sind besonders dann vorteilhaft, wenn es darum geht, dass Du über einen bestimmten Umstand ein konkretes Bild erhalten möchtest. Gäbe es diese Statistiken nicht, so bliebe Dir lediglich, vage Vermutungen darüber aufzustellen, wer eigentlich Dein Profil verfolgt. Bekannt ist diese Funktion auch unter der Bezeichnung „Instagram Insights". Diese Funktion erlaubt es Dir, einen konkreten Überblick darüber zu haben, welche Impressionen zu jedem Deiner Beiträge bestehen, welche Interaktionen in Bezug darauf stattfanden und welche Reichweite von den einzelnen Beiträgen ausgeht. Die daraus hervorgehenden Erkenntnisse kannst Du dafür nutzen, gezielt Beiträge zu veröffentlichen, die auf das Interesse Deiner Follower*innen stoßen und zu welchen Zeiten Du diese Inhalte idealerweise veröffentlichen solltest, um möglichst viele Deiner Follower*innen zu erreichen. Letzteres erhöht in der Regel auch das Potenzial neue Kommentare und Likes zu erhalten. Sobald Du hierüber Bescheid weißt, solltest Du also die besten Uhrzeiten auch in der Planung Deiner Beiträge berücksichtigen.

Letztlich ist das aber längst nicht alles, was die Instagram Insights umfassen. Das heißt Du erfährst auch mehr über die demographischen Informationen Deiner Follower*innen – wie alt sind sie, woher kommen sie und welchem Geschlecht gehören sie an? So reicht bereits ein einziger Blick, um in Erfahrung zu bringen, ob es Dir bereits gelingt, Deine gewünschte Zielgruppe mit Deinen Inhalten anzusprechen.

Darüber hinaus gibt Dir ein Unternehmensprofil die Möglichkeit dazu, Anzeigen binnen weniger Sekunden zu veröffentlichen, wobei Du nicht nur eine automatische Zielgruppenbestimmung vornehmen lassen kannst, sondern ebenso auch Deine eigene Zielgruppe definieren kannst. Sobald Du dies getan hast, kannst Du die Dauer, über die Deine Anzeige auf Instagram geschaltet werden soll, und das entsprechende Budget festlegen kannst. Ist das erledigt, ist auch bereits Deine erste Werbeanzeige bereits öffentlich geschaltet. Bedenke bei dem Schalten von Werbeanzeigen allerdings im Vorhinein, dass Dir lediglich jene Inhalte für die Anzeigen zur Verfügung stehen, die Du ohnehin bereits in Deinem eigenen Profil veröffentlicht hast. Vor diesem Hintergrund kann es durchaus sinnvoller sein, dass Du Deine Werbeanzeigen mithilfe des Facebook-Werbeanzeigenmanagers erstellst, was vor dem Hintergrund, dass Du dort meist ohnehin bereits eine Zielgruppe vordefiniert hast, häufig die bessere Wahl ist.

Womöglich bist Du nun mit dem Wissen über die umfangreichen Vorteile, die ein Unternehmensprofil zweifelsohne mit sich bringt, drauf und dran Dein Instagramprofil in ein Unternehmensprofil umzustellen. Dies ist tatsächlich mit wenigen Klicks und binnen kürzester Zeit ohne jeglichen Kostenaufwand oder etwaige Mühen möglich. Um die Veränderung vorzunehmen musst Du lediglich die Instagram-App auf Deinem mobilen Endgerät öffnen, auf Dein Profil unten rechts in der Ecke klicken und von der Profilansicht aus in der oberen rechten Ecke die „Einstellungen" öffnen. Dort stößt Du dann auch auf die Möglichkeit des „In Business Profil umwandeln" und kannst dann direkt schon sehen, dass Dein Instagramprofil umgehend als Unternehmensprofil gelistet ist.

# Dein Content

Marketing muss so anziehend sein, dass uns die Leute in ihrem Leben haben wollen.
*- Jim Stengel*

Um die Menschen auf Instagram ansprechen zu können, reicht es nicht aus, einfach irgendwelche Bilder aus der Fotogalerie auf Deinem mobilen Endgerät auszuwählen. Worauf es ankommt ist, dass die Qualität der Inhalte, die Du veröffentlichst, hochwertig ist und Du Dir umfangreiche Gedanken machst, welche Inhalte Du veröffentlichen möchtest und warum.

## Deine Bilder

Die Bilder, die Du auf Deinem Profil auf Instagram veröffentlichst, sind von entscheidender Bedeutung, wenn es darum geht, ob Du erfolgreich sein kannst oder nicht. Gerade vor diesem Hintergrund liegt eine umso größere Relevanz auf dem Aspekt des Erschaffens einer erkennbaren, visuellen Identität. Damit Dir dies gelingt, solltest Du Dir idealerweise Themenbereiche überlegen, die Du immer wieder in Deinen Inhalten aufgreifen kannst.

Natürlich kann es gut sein, dass Du von vornherein bereits weißt, welche Inhalte Du eigentlich gerne in Deinem Profil veröffentlichen möchtest. Je nachdem, für was Du oder Dein Unternehmen steht, kann dies durchaus auch sehr offensichtlich sein. Besitzt Du beispielsweise eine Bekleidungslinie, ist es zweifelsohne keine fernliegende Entscheidung, dass Du Deine Mode auch auf Instagram präsentierst. Du möchtest Dein Instagramprofil verwenden, um das Restaurant, was Du betreibst, zu repräsentieren? Dann solltest Du am besten regelmäßig Fotos von den Gerichten, die Du in Deinem Restaurant servierst, aufnehmen und diese auf Instagram veröffentlichen. Gleichermaßen gilt dies auch für Dienstleister*innen aller Art. Mache Dir also Gedanken, wofür Du stehst, um die entsprechenden Inhalte veröffentlichen zu können. Weitere Ideen, die Du für Dich in Erwägung ziehen könntest, wären beispielsweise Stories, die Deine Kund*innen veröffentlichen, die sich auf Dich oder Dein Unternehmen beziehen oder auch Blicke „hinter die Kulissen“, die zeigen, wie Dein Alltag eigentlich so abläuft und welche Menschen womöglich hinter der Marke stehen und dafür sorgen, dass alles reibungslos verläuft.

Wenn es Dir schwerfällt, die Entscheidung zu treffen, welche Inhalte Du gerne zur Schau stellen möchtest, ist es hilfreich, wenn Du Dir einmal andere Marken ansiehst, die in der gleichen Branche tätig sind und Dir Inspirationen einholst, was sie eigentlich veröffentlichen. Wenn Du beispielsweise das Instagramprofil einer Airline vertreten möchtest, kann es für die Nutzer*innen weitaus interessanter sein, wenn Du nicht ausschließlich Beiträge über Flugzeuge veröffentlichst, sondern auch Inhalte, die in Zusammenhang mit Reisen stehen. So könnte es eine gute Wahl sein, mögliche Reiseziele vorzustellen oder Annehmlichkeiten zu erklären, die auf einer Reise bestehen können.

Sobald Du erst einmal die Kernthemen für Dein Profil gefunden hast, um die sich Deine Inhalte drehen sollen, gilt es die Entwicklung eines einheitlichen, visuellen Aussehens anzustreben. Hierfür bietet es sich an, dass Du die immer gleiche Farbpalette, sprich wiederkehrende Farben, nutzt, um die Gesamtästhetik gleichbleibend zu halten und somit für eine Stimmigkeit zu sorgen, die auch von den Nutzer*innen schnell wiedererkannt werden kann.

Nun magst Du Dir vielleicht die Frage stellen, worauf es denn nun konkret ankommt, wenn wir den Fokus auf die Fotos im einzelnen legen – denn einfach geknipst und veröffentlicht werden sollten Deine Bilder schlichtweg nicht.

Vielmehr sollten Deine Bilder nur so vor Großartigkeit strotzen. Das bedeutet nicht zwingend, dass Du Dir nun ein teures Equipment für Deine Fotos zulegen musst, wie es vielleicht professionelle Fotograf*innen besitzen – gar nicht, denn auch Dein Smartphone ist für das Fotografieren von qualitativ hochwertigen Fotos sehr gut geeignet. Ganz zu schweigen von dem Vorteil, dass Du durch das Fotografieren auf dem Smartphone direkt schon die Bilder in der Galerie hast und sie von dort auf Instagram veröffentlicht werden können.

Wenn Du allerdings über das entsprechende Budget dafür verfügst, so spricht auch absolut nichts dagegen, dass Du jemanden damit beauftragst, Deine Inhalte für Dich zu kreieren. Dies können neben professionellen Fotograf*innen auch Illustrator*innen oder Künstler*innen sein. Weiterhin spricht allerdings, wie erwähnt, nichts dagegen, dass Du selbst Deine Fotos produzierst. Wenn Du Dich für letzteren Weg entscheidest, gilt es grundsätzlich aber sechs wichtige Aspekte bei der Bilderstellung zu berücksichtigen.

Doch welche Aspekte sind dies genau?

I. **Schieße Fotos in natürlichem Licht.**

Hast Du schon einmal ein Bild gesehen, was mit einem Blitz aufgenommen wurde, wodurch mögliche ölige Stellen im Gesicht betont wurden, und hast dieses als ästhetisch ansprechend gefunden? Vermutlich eher nicht. Gleichermaßen wie dies bei Menschen zu einer unschönen Ästhetik führt, gilt dies auch für Produktfotos.

Dementsprechend solltest Du dafür sorgen, dass die Schatten möglichst weich ausfallen, während die Farben allerdings weiterhin eine hohe Sättigung umfassen. Am besten gelingt Dir dies, indem Du Deine Fotos unter Zuhilfenahme von natürlichem Licht fotografierst. Dies lässt die Endresultate qualitativ deutlich hochwertiger und ansprechender wirken.

II. **Vermeide es, Deine Bilder in zu grellem Licht zu fotografieren.**

Tatsächlich gibt es eine ideale Tageszeit, zu der Du Deine Bilder am besten aufnehmen solltest – den späten Nachmittag. Alternativ bieten sich durchaus auch Tage an, die tendenziell eher bewölkt sind. Während dieser Zeiten sind die Lichtverhältnisse nicht allzu grell, sodass weder überbelichtete noch ästhetisch unschöne Bilder daraus resultieren. Siehe also davon ab, Bilder an sonnigen Tagen zu fotografieren, wo Du oder das zu fotografierende Produkt zu stark von der Sonne angeleuchtet werdet.

III. **Mache Dir die Drittel-Regel zu Nutze.**

Um Bilder möglichst anziehend wirken zu lassen, wird in der Fotografie der Goldene Schnitt angewandt. Diesen kannst Du tatsächlich denkbar simpel auch mit Deinem Smartphone anwenden. Öffne hierfür einfach die Kamera Deines Smartphones und blende ein Raster ein. Dieses hilft Dir letztlich bei der Umsetzung der Drittel-Regel. Achte darauf, dass der Fokus Deines Fotos auf dem Bildmotiv liegt – und zwar genau an der Stelle, wo es zu einem Aufeinandertreffen der Rasterlinien kommt. Sicherlich mag dies dafür sorgen, dass das Motiv auf Deinem Foto nicht zentral angeordnet ist, jedoch sorgt das Ganze für ein ausgewogenes Aussehen.

IV. **Erstelle Deine Fotos idealerweise aus verschiedenen Winkeln.**

In den meisten Fällen sind wir fast schon automatisch dazu geneigt, die Bilder, die wir aufnehmen möchten, frontal zu fotografieren. Doch genau dieser Winkel ist nicht immer optimal. Probiere Dich deshalb mit unterschiedlichen Winkeln aus, gehe in die Hocke und nimm die Froschperspektive ein oder steige auf einen Stuhl, um Dich in die Vogelperspektive zu begeben.

Du wirst schnell feststellen können, dass ganz andere Resultate auf Deinen Bildern ersichtlich werden. Vermeide es jedoch unbedingt, allzu waghalsig zu werden oder jegliches Risiko einzugehen, nur um ein schönes Bild zu fotografieren.

V. **Halte es simpel.**

Was simpel klingt ist es auch. Achte deshalb darauf, dass das Foto und die Botschaft, die Du mit diesem vermitteln möchtest, für die Nutzer*innen sofort und unmissverständlich klar ist.

VI. **Erstelle möglichst kontrastreiche Bilder.**

Kontraste sind ideal dafür Deinem Bild ein ausgewogenes Verhältnis zu verleihen. Wenn Du also berücksichtigst, wie sich die Kontraste auf Deinem Foto verhalten, kannst Du nicht nur dazu beitragen, dass der Bildinhalt klar verständlich für die Nutzer*innen ist, sondern auch dazu, dass der Inhalt eine leichtere Zugänglichkeit besitzt.

## Die Verwendung von Hashtags

Ist das ideale Foto erst einmal geschossen, geht es um das weitere Vorgehen mit diesem. Du solltest es nicht einfach ohne Nachzudenken veröffentlichen, denn dies würde lediglich dazu führen, dass den Nutzer*innen weder klar ist, welche Botschaft hinter Deinem Foto steht, noch wirst Du Deine Reichweite hierdurch erhöhen können.

Dabei bietet Dir Instagram durchaus die Option, dass Du Deine Reichweite unter Zuhilfenahme von sogenannten Hashtags zielgerichtet vergrößerst. Hashtags sind dafür vorgesehen, die Zugänglichkeit und das Auffinden von Inhalten zu bestimmten Themen für die Nutzer*innen zu erleichtern.

Dies bedeutet nicht, dass Du fortan auf Deine Bildunterschriften unter den einzelnen Beiträgen verzichten solltest – absolut nicht. Denn auch die Bildunterschriften sind von erheblicher Bedeutung, um die Botschaft, die Du vermitteln möchtest, besser herüberbringen zu können. Jedoch gibt es hier einen großen Nachteil, denn die Bildunterschriften lassen sich nicht einfach so durchsuchen. Genau an dieser Stelle kommen also die Hashtags zum Einsatz.

Hashtags stellen kleine Schlüsselwörter dar. Diese kannst Du unter Deinen Beiträgen einsetzen, indem Du ein „#“ setzt und dann den entsprechenden

Begriff direkt an die Raute heranhängst. Sobald Du die Raute gesetzt hast, bekommst Du bereits eine Vielzahl an Hashtagvorschlägen. Du bist nicht dazu gezwungen, einen dieser Vorschläge zu verwenden, sondern kannst ebenso auch nach bestimmten Hashtags suchen, die für Deinen Inhalt passend sind.

Die Hashtags, die Du dann setzt, sorgen dafür, dass eben nicht nur die Nutzer*innen, die Dir ohnehin bereits folgen, auf Deine Inhalte aufmerksam werden, sondern ebenso auch Menschen, die noch nicht zum Personenkreis Deiner Follower*innen zugehörig sind.

Tatsächlich ist es sogar möglich, dass Du Deinen ganz eigenen Hashtag ins Leben rufst, den Du für das Etablieren Deiner Marke anwendest. Diese Art der Hashtags sind auch als gebrandete Hashtags bekannt. Sie tragen dazu bei, dass Du Deine Marke verkörpern kannst und bringen eine gewisse Motivation mit sich, von anderen Follower*innen verwendet zu werden, um Deine Inhalte auch mit ihrer eigenen Community zu teilen. Das heißt Hashtags können sich förmlich in eine sprudelnde Quelle wandeln, die Deine eigene Community auf Instagram fördert.

Auch die Zahlen bestätigen wieder einmal, dass es Sinn macht, Hashtags zu nutzen. So kannst Du, wenn Du gar einen einzigen Hashtag unter Deine Beiträge setzt, Deine Engagementrate auf 12,6 Prozent steigern. Folglich wirst Du feststellen können, dass Deinen Inhalten eine größere Aufmerksamkeit in Form von Kommentaren und Likes zukommt.

Um aber zu verstehen, woher das Ganze kommt, solltest Du das Grundprinzip verstehen, welches hinter den Hashtags steht.

Hashtags haben eine ähnliche Funktionsweise wie ein Index. Veröffentlichst Du also einen Beitrag und versiehst diesen mit einem Hashtag, so ist dieser Beitrag, sofern Dein Profil auf öffentlich gestellt ist, nicht mehr ausschließlich auf Deiner eigenen Seite einsehbar, sondern wird für andere Nutzer*innen auf Instagram sichtbar gemacht, die sich den Hashtag, den Du verwendet hast, ansehen.

Dein Beitrag gerät dann auf eine sogenannte Hashtag-Seite – jeder Hashtag besitzt eine solche. Hierbei handelt es sich um eine Seite, auf der alle Beiträge gesammelt werden, bei denen der identische Hashtag verwendet wurde.

Sofern Du also das Ziel hast, Leute anzusprechen, die nicht ohnehin bereits Teil Deiner Community sind, so solltest Du unbedingt Hashtags verwenden. Jedoch gilt es auch bei der Verwendung wiederum einiges zu beachten, damit die Nutzung möglichst effizient ausfällt.

Wie bereits erwähnt gilt allem voran, dass Dein Profil zwangsläufig auf öffentlich gestellt sein muss.

Wenn dem nicht so ist, werden Deine Beiträge sonst nicht auf einer Hashtag-Seite gelistet. Allerdings hast Du ohnehin bereits die Vorteile eines Unternehmensprofils kennengelernt, sodass Du dieses eventuell in Erwägung ziehen solltest.

Des Weiteren kann nicht alles als Hashtag verwendet werden. Sonderzeichen beispielsweise können nicht angewandt werden, da sie als Hashtags nicht akzeptiert werden.

Zudem solltest Du Dich in der Auswahl Deiner Hashtags einschränken. Zum einen hast Du nur einen beschränkten Platz für Hashtags, so sind es unter Deinen Beiträgen bis zu 30 Hashtags und in Deinen Stories sogar nur 10 Hashtags, doch aufgrund des Risikos eines Bans solltest Du ohnehin nicht die gesamte Kapazität bis zum letzten Hashtag ausschöpfen.

Überlege also wirklich, welche Hashtags sich für Deine Beiträge anbieten und nutze nur diese. Hierbei gibt es im Übrigen sogar unterschiedliche Kategorien von Hashtags, zwischen denen Du entscheiden musst. So gibt es neben den sogenannten Community Hashtags auch gebrandete sowie Kampagnen Hashtags.

Was aber steht hinter den einzelnen Kategorien von Hashtags?

- **Die Community Hashtags**

Der Zweck von Community Hashtags besteht vorrangig darin, die Nutzer*innen, die ein Interesse gegenüber bestimmten Themen pflegen, zusammenzubringen.

Vor diesem Hintergrund eignet sich diese Art der Hashtags besonders gut, wenn Du gerne neue Personen finden möchtest, die ein Interesse an Deinem Unternehmen und Dir pflegen, Deine Reichweite weiter aufzubauen, die Begeisterung von potenziellen Follower*innen für Dich zu wecken und Dir eine eigene Community auf Instagram aufzubauen.

Aber Achtung – Community Hashtag ist wiederum nicht gleich Community Hashtag, denn auch diese können noch in weitere Unterkategorien unterteilt werden.

Eine dieser Arten besteht in Community Hashtags, die sich unmittelbar auf eine Dienstleistung oder ein Produkt beziehen. Dies erkennst Du an relativ allgemeinen Hashtags wie zum Beispiel #Fotoalbum oder #Restaurant.

Andere Community Hashtags sind dafür vorgesehen, Menschen miteinander zu verbinden, die in einer Subnische angesiedelt werden können. Erkennbar ist diese Art der Community Hashtags an den detaillierten

Beschreibungen, wie beispielsweise #Hochzeitsfotograf oder #Landschaftsfotograf.

Weiter gibt es Community Hashtags, die einen unmittelbaren Bezug auf eine Jahreszeit oder eine Veranstaltung nehmen. Beispiele für diese Art der Hashtags könnten #glowcon2023 oder #herbst sein.

Doch damit längst nicht genug. Ebenfalls kannst Du auf Community Hashtags stoßen, die für Locations oder Orte verwendet werden. Beliebte Hashtags dieser Kategorie sind mitunter #bremerstadtmusikanten oder #hamburgmeineperle.

Auch gibt es Community Hashtags, die für alltägliche Dinge vorgesehen sind. Sicherlich wirst Du auch diese Hashtags schon einmal gesehen haben. Zu ihnen gehören beispielsweise der #dickbauchdienstag oder der #throwbackthursday. Diese Art der Hashtags soll dazu beitragen, dass Nutzer*innen mit gleichen Interessen in Verbindung miteinander gebracht werden können.

Idealerweise solltest Du nicht nur auf eine einzige Kategorie der Community Hashtags setzen, sondern lieber verschiedene Hashtags miteinander mischen. Auf diese Weise kannst Du das Potenzial noch einmal erhöhen, dass

Dich genau die Menschen finden können, von denen Du gefunden werden möchtest.

Damit Du die richtigen Community Hashtags für Dich finden kannst, empfiehlt es sich, eine eingehende Recherche vorzunehmen, welche Hashtags andere Unternehmen, die in Deiner Branche vertreten sind, eigentlich unter ihren eigenen Beiträgen verwenden. Möglicherweise gibt es auch bereits Influencer*innen, die Hashtags mit einem gleichen Zusammenhang anwenden.

Letzten Endes steht es Dir natürlich auch immer frei, selbst Community Hashtags ins Leben zu rufen. Damit Dir dies gelingt, solltest Du möglichst tiefgreifend in eine Nische hineingehen, sodass Du das entsprechende Thema für Deine Zielgruppe bestmöglich ansprichst. Demnach wärst Du mit einem Hashtag wie zum Beispiel #Gemüseanbau nicht gut beraten, da dieser Hashtag noch zu breit aufgestellt wäre. Besser wäre hingegen ein Hashtag wie zum Beispiel #organischergemüseanbau, da dieser deutlich detailliert ausfällt und somit nur eine recht kleine Nische anspricht. Versuche allerdings von zu langen Hashtags abzusehen, anstelle von #organischergemüseanbau solltest Du deshalb lieber

#biogemüseanbau verwenden. Dieser Hashtag ist unmissverständlich und sehr präzise.

- **Die gebrandeten Hashtags**

  Neben den Community Hashtags gibt es die sogenannten gebrandeten Hashtags. Von ihnen ist dann die Rede, wenn zwischen dem Hashtag selbst und einem Unternehmen ein unmittelbarer Zusammenhang besteht. Dies wäre beispielsweise dann gegeben, wenn ein Hashtag einen Produktnamen enthält, den Namen der aktuellen Marketing-Kampagne, den Namen des Unternehmens selbst oder auch den Slogan eines Unternehmens.

Demgegenüber stehen allerdings die gebrandeten Hashtags, die zumindest nicht auf den ersten Blick einen direkten Zusammenhang mit einem Unternehmen hinweisen, aufgrund der Identität oder der Werte der Marke jedoch durchaus einen klaren Rückschluss auf das entsprechende Unternehmen erlauben.

Tatsächlich besteht auch eine erhebliche Unterscheidung zwischen den Community Hashtags und den gebrandeten Hashtags. Denn während das Ziel der Community Hashtags insbesondere darin besteht, dass Du den Aufbau einer gewissen Reichweite erreichst, geht es bei den gebrandeten Hashtags hingegen vorrangig darum, eine Beziehung zwischen Deinem Unternehmen und den Follower*innen aufzubauen.

Dementsprechend eignen sich gebrandete Hashtags besonders gut, wenn Du vorhast, ein Produkt zu promoten und folglich auch Beiträge wiederzufinden, in denen Nutzer*innen Deinen Hashtag nutzen, um Dein Produkt zu erwähnen.

Letztlich lässt sich die Verwendung von gebrandeten Hashtags fast schon mit einem Sechser im Lotto gleichsetzen. Schließlich kannst Du ein freiwilliges Interesse seitens Deiner Follower*innen erkennen, da sie von ganz allein und ohne jegliche Aufforderung den gebrandeten Hashtag nutzen und auf diese Weise dazu beitragen, dass die Botschaft, die Du vermitteln möchtest, in den sozialen Netzwerken weite Kreise zieht, wodurch nicht zuletzt auch der Bekanntheitsgrad Deiner Marke oder Deiner Person steigt.

Wenn Du also feststellst, dass jemand von sich aus Deinen gebrandeten Hashtag nutzt, ist es empfehlenswert, der Person gegenüber persönlich Deinen Dank zum Ausdruck zu bringen. Zudem bietet es sich in solchen Situationen auch an, die entsprechenden Beiträge in Deinem Feed oder in Deiner Story mit Deinen anderen Follower*innen zu teilen.

Worauf Du allerdings unbedingt achten solltest, wenn Du einen gebrandeten Hashtag anwenden lässt, ist die Aktivität der Hashtags, sodass Du umgehend feststellen kannst, wenn jemand versucht, Deinen Hashtag zu kapern.

- **Die Kampagnen Hashtags**
  Während sowohl die Community als auch die gebrandeten Hashtags in der Regel mit einer langen Lebensdauer behaftet sind, sieht es bei den sogenannten Kampagnen Hashtags gänzlich anders aus. Kennzeichnend für diese Art der Hashtags ist die kurze Lebensdauer, wobei sich die Hashtags an sich zumeist auf konkrete Aktionen, Events sowie auch Saisons beziehen.

## Die Stories auf Instagram

Die Stories, die Du auf Instagram verwenden kannst, stellen eine der wohl schnellsten Möglichkeiten dar, wenn es darum geht, die Aufmerksamkeit der Nutzer*innen zu erhaschen. Wie Du bereits erfahren hast, sind dies ohnehin mit mehr als 500 Millionen Nutzer*innen täglich nicht gerade wenige, sodass auch das Potenzial somit für Dein Unternehmen recht hoch ausfällt.

Eine besondere Wichtigkeit aus den Augen der Nutzer*innen besteht in dem Aspekt, dass sie durch

Geschichten unterhalten werden möchten. Um diesen Ansprüchen im Hinblick auf die limitierte Zeitspanne von 24 Stunden, in der die Inhalte in der Story zugänglich sind, gerecht zu werden, solltest Du Dir immer ausreichend Gedanken im Vorhinein machen, was Du konkret in Deiner Story mit den Nutzer*innen teilen möchtest. Schließlich geschieht das Ganze oftmals, um einen finanziellen Mehrwert zu generieren.

Fakt ist, dass Stories auf Instagram für die Nutzer*innen um einiges persönlicher und nahbarer wirken als lediglich Beiträge, die Du in Deinem Feed veröffentlichst. Genau diese Situation kannst Du Dir zu Nutze machen, denn so entsteht eine deutlich stärkere Bindung zwischen Deinen Follower*innen und Dir beziehungsweise dem Unternehmen.

Somit wird sich vermutlich auch niemand, der über dieses Wissen verfügt, darüber wundern, dass vor allem Influencer*innen großen Wert darauf legen, ihre Stories möglichst ansprechend aufzubereiten. Je aufwendiger ihnen dies gelingt, desto mehr Menschen erreichen sie damit meist auch. Letztlich besitzen Influencer*innen aber auch einen entscheidenden Vorteil, denn in aller Regel stammen die Stories direkt aus ihrer eigenen Hand, sodass sie im Allgemeinen unabhängiger sind. Ein Aspekt, dem Unternehmen nicht im gleichen Maße nachkommen können, weshalb es umso wichtiger ist, dass Arbeitsprozesse und ein damit einhergehendes Team erschaffen werden, die nicht nur angepasst, sondern zugleich auch flexibel agieren können. Dies erlaubt es dann auch Unternehmen, ihre Stories regelmäßig mit hochwertigen Inhalten aufzubereiten. Die Flexibilität spielt dabei eine nicht unbedeutende Rolle, denn in den Instagram Stories kommt es häufig auf die Spontanität an – und zwar in einem Umfang, den es in kaum einem anderen Bereich der sozialen Medien gibt.

Demnach macht es bedeutend wenig Sinn, Deine Story lediglich alle zwei Wochen mal mit einem Inhalt zu befüllen. Dies würde weder zu einer Resonanz führen, was die Entwicklung Deiner Follower*innen betrifft noch zu einer verstärkten Interaktion mit Deinen Inhalten.

Gerade deswegen sollte Dir bewusst sein, dass die Kommentare und Reaktionen, die die Nutzer*innen mit Deinen Inhalten aufweisen, für eine Steigerung des Wertes Deiner Instagram Stories sorgen. Dies ist natürlich zweifelsohne überaus positiv, bedeutet zeitgleich jedoch auch, dass der Aufwand, der für das Community Management anfällt, höher ausfällt.

In jedem Fall ist es aber entscheidend, über welche Qualität die Stories verfügen, die Du auf Instagram veröffentlichst. Ob Deine Inhalte qualitativ hochwertig sind, kannst Du schnell anhand von drei Dingen daran erkennen – der zu vermittelnden Botschaft, dem Inhalt, mit dem Du die Botschaft zu vermitteln versuchst, sowie dem Timing. Deinen Instagram Stories verleihst Du nämlich erst dann einen wirklichen Nachdruck, wenn die Botschaft, die Du zu vermitteln versuchst, an Deine Zielgruppe angepasst und unmissverständlich ist.

Doch genau da kommt die nächste Herausforderung ins Spiel, denn die Länge der Stories auf Instagram ist schlichtweg nicht unbegrenzt. Infolgedessen ist es vollkommen normal, dass Nutzer*innen bereits innerhalb der ersten Sekunden eine Entscheidung fällen, ob sie Dich in Deiner Story weiterhin verfolgen möchten oder ob sie Deine Story skippen, um lieber die Stories, die andere Nutzer*innen veröffentlicht haben, anzusehen. Es steht außer Frage, dass Du nicht jede*n einzelne*n Nutzer*in dazu animieren kannst, sich Deine gesamte Story anzusehen – dies geht auch aus den vorliegenden Statistiken hervor. Diese offenbaren, dass 75 Prozent der Stories, die auf Instagram veröffentlicht werden, von den Nutzer*innen nicht vollständig angesehen werden.

Trotz dessen gibt es Möglichkeiten, die Du anwenden kannst, um die Nutzer*innen in die Richtung zu bewegen, dass sie Deine Stories wirklich bis zum Ende ansehen. Einer der Tipps, die Du in diesem

Zusammenhang umsetzen solltest, besteht darin, Videos in Deiner Story zu veröffentlichen anstelle von statischen Bildschirmen. Immerhin können Videos Deine Kernbotschaft unterstützen und bergen zugleich einen gewissen Unterhaltungsfaktor. Nicht selten bestehen die Stories auf Instagram nicht lediglich aus einer einzigen Sequenz, was einem Bild oder Video entsprechen könnte, sondern häufig sogar direkt aus mehreren – den sogenannten Story Frames.

Inzwischen ist es kaum noch möglich, sich Instagram ohne die Stories vorzustellen. Auch, wenn es selbst heute noch Unternehmen gibt, die sich noch nicht des erheblichen Potenziales bewusst sind, was auch die Anzahl der auf Instagram vertretenen Unternehmensprofil von knapp 25 Millionen wiederspiegelt. Diese Unternehmensprofile erachten die Stories auf Instagram tendenziell meist eher als eine Ergänzung des Angebotes und weisen ihnen demnach eher eine untergeordnete Rolle zu.

Coviva führte hierzu eine Studie durch, die sich damit befasste, wie Unternehmen sich ihre Reichweise auf Instagram aufbauen. Aus dieser Studie geht klar hervor, dass 60 Prozent der Unternehmen diese vorrangig über die Beiträge, die sie auf ihren Profilen veröffentlichen, aufbauen. Somit rücken die Instagram Stories eher wenig in den Vordergrund, was ebenfalls anhand der geringen Anzahl an veröffentlichten

Stories auf den Unternehmensprofilen sind – erstaunlicherweise sind dies nämlich im Schnitt lediglich 2,5 Stories pro Woche.

Betrachtet man im Vergleich hierzu Profile, denen es bereits gelungen ist, sich eine große Reichweite aufzubauen, wird schnell klar, was sie anders machen – sie nutzen die Instagram Stories aktiv und veröffentlichen im Durchschnitt drei Stories täglich. Hierzu sollte aber erwähnt werden, dass Unternehmen, die noch über eine recht kleine Anzahl an Follower*innen verfügen, und hiermit sind unter 10.000 Follower*innen gemeint, zumeist eine größere Anzahl an Nutzer*innen mit den Stories erreichen, als Unternehmen, die bereits eine erhebliche Anzahl Follower*innen verzeichnen kann. Um dies auch einmal in reellen Zahlen aufzugreifen: Während kleinere Accounts etwa 8,4 Prozent der Personen mit ihren Stories ansprechen, die ihnen folgen, sind es bei Profilen, die bereits eine große Anzahl an Follower*innen für sich begeistern konnten, lediglich noch 2,3 Prozent.

Doch selbst dann, wenn Du bemüht bist, Dich mit dem regelmäßigen Veröffentlichen von Instagram Stories zu befassen, so bringt dies nicht zwangsläufig auch einen Anstieg Deiner Sichtbarkeit mit sich. Die Ursache hierfür ist schnell ausfindig gemacht, denn lediglich fünf bis zehn Prozent derjenigen, die Dich auf Instagram verfolgen, sehen sich auch wirklich die

Beiträge an, die Du publizierst – und dies sind meist auch noch dieselben Follower*innen.

Vor diesem Hintergrund solltest Du Dir selbst das Ziel setzen, Deine Stories so zu gestalten, dass sie überaus ansprechend sind. Denn solange Du noch keine 10.000 Follower*innen für Dich gewonnen hast, kannst Du nicht das volle Potenzial der Stories ausschöpfen. So bleiben Dir bis zu diesem Zeitpunkt die Möglichkeiten verwehrt, externe Links in Deinen Stories zu verlinken, welche für die Follower*innen wie ein Call-to-Action agieren.

Sicherlich stellst Du Dir nun vielleicht die Frage, ob dies bedeutet, dass die Stories auf Instagram dafür vorgesehen sind, ausschließlich von großen Unternehmensprofilen genutzt zu werden – doch dies muss nicht zwingend der Fall sein. So steht es auch kleinen Unternehmensprofilen frei, sich für die Verwendung von Instagram Stories zu entscheiden, um damit Profit aufgrund des Engagements und der Interaktionen seitens der Nutzer*innen zu generieren.

Wenn Dir daran gelegen ist, Deine Stories möglichst effektiv weiterzuverbreiten, kann es ratsam sein, wenn Du Dir im vorhinein ein Budget festlegst, welches Du für diese Maßnahmen zusätzlich bereitstellen möchtest. Dieses Budget kannst Du dann für das Schalten von Anzeigen aufwenden, die Du entweder über Instagram direkt oder alternativ über den

Business Manager, den Dir Facebook zur Verfügung stellt, schalten kannst. Dies ermöglicht Dir eine sehr präzise Arbeit und erlaubt Dir darüber hinaus auch externe Links zu verwenden. Externe Links tragen zielgerichtet dazu bei, dass Deine Follower*innen von Dir beabsichtigten Handlungen nachkommen – und zwar ganz ungeachtet der Tatsache, ob Du nun bereits über 10.000 Follower*innen verfügst oder ob es bis dato noch weniger sind.

Über die Anzeigen hinaus, die Du in Deinen Instagram Stories posten kannst, kannst Du auch versuchen, eine Kooperation mit Influencer*innen anzustreben und diese für Dich zu mobilisieren. Im Normalfall verfügen Influencer*innen schließlich schon über eine adäquate Reichweite und konnten sich bereits einen Namen machen, der für mehr Glaubwürdigkeit und Nahbarkeit sorgt. Ganz zu schweigen davon, dass Influencer*innen aufgrund ihrer täglichen Arbeit mit den sozialen Medien bestens darüber informiert sind, worauf es wirklich ankommt und wie sie die Ziele, die sie sich setzen, ideal erreichen können. Hierbei solltest Du aber nicht wahllos einfach irgendeine*n Influencer*in auswählen, sondern die Auswahl in Abhängigkeit dazu stellen, welche Zielgruppe Du eigentlich konkret ansprechen möchtest.

## Welche Beiträge sinnvoll sind

Zweifelsohne werden eine Vielzahl an Beiträgen jeden Tag auf Instagram veröffentlicht, die mit diversen Hashtags versehen werden. Ein genauer Blick zeigt meist die immens hohe Bildqualität und ansprechend aufbereitete Inhalte, die ideal dafür geeignet sind, die eigene Zielgruppe zielgerichtet anzusprechen. Das bedeutet jedoch nicht, dass Du dies nicht kannst. Vielmehr noch kann es Dir in der heutigen Zeit deutlich einfacher gelingen, ansprechende Inhalte für Deine Zielgruppe zu kreieren.

Es kommt lediglich darauf an, dass Du genau weißt, wie es funktioniert und Du Dir über die Kriterien bewusst sind, die dafür sorgen, dass Du das Interesse Deiner Zielgruppe auf Dich ziehst. Die wohl wichtigsten Faktoren in diesem Zusammenhang bestehen in den entsprechenden Inhalten, der Art der Inhalte sowie auch den Zeiten, zu denen Du Deine Beiträge am besten veröffentlichen solltest.

Es macht also nur wenig Sinn, Deine Inhalte einfach wahllos zu veröffentlichen, wie Dir gerade die Laune danach steht. Stattdessen geht es darum, zunächst Überlegungen anzustellen, welches Konzept Du eigentlich mit Deinem Business oder Deinem Produkt verfolgst.

Grundsätzlich solltest Du immer ein Auge darauf haben, dass Deine Inhalte einheitlich aufeinander abgestimmt sind und einer klaren Linie folgen. Verwendest Du immer unterschiedliche Stile, so kann dies schnell dazu führen, dass Du bei den Nutzer*innen nicht im Gedächtnis verbleibst und Dein Profil schnell einen unordentlichen Eindruckt erwecken kann.

Besteht Dein primäres Ziel beispielsweise in der Vermarktung eines speziellen Produktes und Du möchtest dieses unbedingt Deinen Follower*innen zeigen, so solltest Du darauf achten, dass Du eine Präsentation auf unterschiedlichste Arten angehst. Hierbei kannst Du relativ kreativ werden – ob lustig dargestellt, kreativ in Szene gesetzt oder durch verschiedene Persönlichkeiten präsentiert – Du kannst ein und dasselbe Produkt immer wieder in den Vordergrund rücken.

Über die Produkte als solche hinaus kommt es natürlich auch auf die Bilder an sich an. Gut bei einer Vielzahl der Nutzer*innen kommen auch Blicke hinter die Kulissen an. Zeige also beispielsweise die Räumlichkeiten, in denen Du tätig bist, die Mitarbeiter*innen, die hinter Instagram stehen oder vielleicht auch die Aufenthaltsräume, in denen die Pausen verbracht werden. Auch hier ist wieder Deine Kreativität gefragt. Letztlich kommt es hier ebenfalls darauf an, dass Du die Beiträge, die Du veröffentlichst, auf den restlichen Content auf Deinem Profil und die Dinge, die Du vermarkten möchtest, abstimmst.

Ein Blick auf die Profile Deiner Konkurrent*innen kann schnell für frische Inspirationen sorgen – hiermit sind aber wirklich Inspirationen gemeint. Vermeide es Inhalte einfach nur von anderen Profilen abzukupfern, denn somit bist Du kein Original mehr und kannst keinen Wiedererkennungswert schaffen.

Apropos Wiedererkennungswert: Versuche bei Deinen Inhalten idealerweise immer auch Dein Logo einzubauen. Positioniere dieses am besten so, dass es direkt ins Auge sticht und ein unmittelbarer Zusammenhang zwischen Dir und den Beiträgen erkennbar wird.

Neben normalen Fotos solltest Du mithilfe diverser anderer Inhalte für das richtige Quäntchen an Abwechslung sorgen. Veröffentliche beispielsweise auch Livebilder oder Videos. Ebenso können besondere Aktionen und Gutscheine, die zu bestimmten Anlässen erhältlich sind, auf das Interesse der Nutzer*innen stoßen. Übertreibe es aber vor allem mit Gutscheinen nicht, denn zu viele Gutscheine können dafür sorgen, dass die Leute wieder das Interesse an Dir verlieren und Dich nicht weiterverfolgen.

Ebenso kann es sich für Dich anbieten Inhalte, die von anderen Nutzer*innen in den sozialen

Netzwerken veröffentlicht werden. Hierbei solltest Du am besten Beiträge von Nutzer*innen auswählen, die einen gewissen Stolz darauf empfinden, wenn Du ihre Beiträge auf Deiner eigenen Seite aufgreifst. Dies sorgt nicht nur dafür, dass Du Deine Reichweite noch einmal mehr erhöhen und somit den Wachstum Deines Profils voranbringen kannst, sondern auch dafür, dass Du denkbar simpel an guten Content herankommen kannst. Aber Achtung: Diese Maßnahme solltest Du weder zu häufig noch zu früh beginnen, um eine Verärgerung anderer Nutzer*innen zu umgehen. Kurzum: Trage immer dafür Sorge, dass Deine eigenen Inhalte unabhängig von anderen Faktoren stimmig und ansprechend sind.

Welche Inhalte bieten sich hierfür nun konkret an?

Nun, neben den Einblicken hinter die Kulissen kannst Du auch Verkündungen in Deinen Beiträgen einbinden, wenn Du zum Beispiel einen neuen Blogbeitrag oder eine neue Podcastepisode veröffentlicht hast oder dies möchtest. Damit die Nutzer*innen nicht ewig nach einer Möglichkeit suchen müssen, sich dies anzusehen, empfiehlt es sich, den dazugehörigen Link direkt in Deine Profilbeschreibung zu integrieren.

Im Übrigen ist es auch immer sinnvoll, dass Du die Beiträge, die Du in Deinem Feed postest, zugleich auch in Deiner Instagram Story bewirbst. Um dies zu tun kannst Du einfach das veröffentlichte Bild in Deiner Story einbinden und es mit einem Sticker so überdecken, dass es für die Nutzer*innen auf den ersten Blick unkenntlich ist und sie somit Dein Profil aufrufen müssen, um das gesamte Bild sehen zu können.

Du hast glückliche Kund*innen? Prima, dann nutze dies doch als Inhalt für weitere Beiträge. Übergebe Deinen glücklichen Kund*innen das Wort, um ihre Meinung über Deine Dienstleistungen und Produkte zu äußern. Da dies nicht einfach in Textform möglich ist und Instagram ein Netzwerk ist, welches auf Bildinhalten basiert, kannst Du auch Bilder, die von Kund*innen an Dich gesendet wurden, mit ihrer Erlaubnis, auf Deinem Profil veröffentlichen und mit der passenden Bildunterschrift sowie den entsprechenden Hashtags versehen.

Letztendlich stoßen nicht zuletzt auch persönliche Inhalte auf breites Interesse – und zwar ungeachtet dessen, ob Du nun eine Person des öffentlichen Lebens bist oder über einen Prominentenstatus verfügst. Sicher, ein Prominentenstatus kann durchaus hilfreich sein, aber trotzdem gibt es auch als Person ohne einen solchen Status zu immer zuerst an Deine Follower*innen und potenziellen Kund*innen denken solltest.

Wenn Du beispielsweise Coach bist, so kannst Du nicht nur Inhalte aus Deinem beruflichen Leben mit

Deinen Follower*innen teilen, sondern ebenso auch Eindrücke von Deinem Spaziergang mit Deinen Hunden oder Deinem letzten Abendessen. Vermeide es aber nur solche Eindrücke zu teilen, da sie Dir aus unternehmerischer Perspektive lediglich wenig Bekanntheit einbringen werden. Ebenso solltest Du Deine Inhalte nicht ausschließlich auf Deine eigene Person beziehen – hin und wieder kann dies aber durchaus eindrucksvoll und interessant für Deine Follower*innen sein.

Wie viel private Inhalte sind aber nun noch im Rahmen und wann werden sie zu viel?

Kurzum: Hierfür gibt es keine konkrete Richtlinie, an der Du Dich orientieren kannst, da es sich zumeist um einen fließenden Übergang handelt. Gerade deshalb zahlt es sich nicht aus, wenn Du hier eine große Wissenschaft draus machst. Mache lieber immer mal wieder Fotos von den Dingen, die Du so in Deinem alltäglichen Arbeitsleben tust – auch, wenn Du nicht alle von ihnen auf Instagram veröffentlichen können wirst.

Worauf es in jedem Fall ankommt, ist die Kontinuität. Plane Deine Beiträge idealerweise bereits eine Weile im Voraus, sodass Du es umgehst, dass Dein Instagram Profil einmal zum Stillstand gerät. Da Dir Instagram bis dato noch keine konkrete Funktion für die

Planung anbietet, kannst Du auf diverse andere Tools zurückgreifen. Eines davon wäre beispielsweise later. Dieses ermöglicht Dir das Vorausplanen in der Form, dass Du sowohl den zu veröffentlichenden Beitrag einstellen kannst als auch das Datum sowie die Uhrzeit, zu der dies automatisch geschehen soll.

Orientiere Dich als Richtwert daran, jeden Tag einen Beitrag in Deinem Profil zu veröffentlichen. Solltest Du noch mehr Zeit übrig haben, kannst Du natürlich auch weitere Beiträge in Deinem Profil veröffentlichen – nur von weniger Inhalten als einem Beitrag pro Tag solltest Du tunlichst Abstand nehmen.

## Welche Regeln Du beachten solltest

Wenn es um die Verwendung von Instagram geht, gibt es sechs wichtige Regeln, die Du in jedem Fall beherzigen solltest.

I. **Die Bildbeschreibungen**
Die Nutzer*innen auf Instagram sehen sich überaus gerne die Beiträge an, die auf Instagram veröffentlicht werden. Diesen lassen sie zweifelsohne auch den größten Aufmerksamkeitsanteil zukommen, was jedoch nicht bedeutet, dass Du die Bildbeschreibungen vernachlässigen kannst - ganz im Gegenteil. Die

sogenannten Captions, die Du unmittelbar unter den Beiträgen finden kannst, versiehst Du mit hilfreichen und interessanten Informationen. Genau das ist auch der Grund dafür, dass Du sie unbedingt unter jedem Beitrag wahrnehmen solltest.

Idealerweise solltest Du versuchen, in Deine Bildbeschreibungen direkt einen Call-to-Action einzubinden, die dafür vorgesehen ist, die Nutzer*innen zu einer bestimmten Handlung zu bewegen.

### II. Das Einbinden von Instagrammer*innen

Je mehr Du die Nutzer*innen auf Instagram für Dich begeistern kannst, desto höher fällt schlussendlich in der Regel auch die Interaktionsrate aus. Folglich erhalten Deine Beiträge auch eine höhere Reichweite.

Doch die Nutzer*innen für Dich zu begeistern, ist gar nicht unbedingt so schwer, wie Du es zunächst vielleicht annehmen magst. Häufig sind es bereits Kleinigkeiten, die einen erheblichen Unterschied bewirken können und zu einem aktiven Gespräch zwischen den Nutzer*innen und Dir führen. In den meisten Fällen werden die Nutzer*innen dies aber nicht von sich aus tun, sondern erst dann, wenn zuvor eine explizite Aufforderung dazu erfolgt ist. Erwartest Du von den Nutzer*innen also etwas, so solltest Du dies auch deutlich machen.

Aber Achtung: Es kann schneller als gedacht dazu kommen, dass Du einen nervenden Eindruck erweckst. Deshalb ist dringlichst davon abzusehen, dass Du die Nutzer*innen unter jedem einzelnen Deiner Beiträge zu etwas aufforderst. Sollte dies für Dich unumgänglich sein, so kommt es zumindest darauf an, dass Du Abwechslung hereinbringst.

Wie aber kann Dir dies gelingen?

Nun, eine gute Möglichkeit, um eine Reaktion von den Nutzer*innen hervorzurufen, besteht darin, ihnen konkrete Fragen zu stellen. Um diese zu beantworten, werden sie mit Deinen Beiträgen in eine Interaktion treten und sie kommentieren.

Darüber hinaus kannst Du Erwähnungen von anderen Nutzer*innen der Plattform vornehmen – doch auch hierbei gilt es Vorsicht walten zu lassen und die Erwähnungen nur in angebrachten Momenten anzuwenden. Um eine Erwähnung zu platzieren, setzt Du einfach ein @-Zeichen und schreibst direkt dahinter den Namen, den die entsprechende Person auf Instagram verwendet, und wählst dann den korrekten Vorschlag aus.

In diesem Fall kannst Du den Spieß sogar noch umdrehen und die Nutzer*innen aktiv dazu anhalten, selbst andere Nutzer*innen zu erwähnen. Dies macht beispielsweise dann Sinn, wenn die Nutzer*innen das Gefühl haben, dass Deine Inhalte auch für bestimmte andere Personen von Interesse sein könnten. Gerade dies stellt zudem auch gleich eine überaus effektive Methode zum Aufbau Deiner Reichweite dar.

Möchtest Du Beiträge von anderen Personen teilen, so kannst Du dies durchaus tun – denke hierbei aber immer daran, dass Du die Person, die den Beitrag ursprünglich veröffentlicht hat, erwähnst und, um freundlicher zu wirken und Dir Deiner Sache sicher sein zu können, die Urheber*innen des Beitrages anschreiben und um Erlaubnis fragen, den Beitrag auch bei Dir zu veröffentlichen.

III. **Die Emotionen und Persönlichkeit**

Instagram stellt eine recht persönliche Plattform dar, die sich ausschließlich vom Smartphone aus wirklich in vollem Umfang verwenden lässt. Dadurch, dass die meisten Menschen dieses täglich bei sich tragen, verwenden sie auch oftmals Instagram – vorrangig, um ihre alltäglichen Schnappschüsse zu veröffentlichen, sei es vom Mittagessen, ein Reisefoto oder alternativ von der Skyline.

Gerade aus unternehmerischer Sicht sollte dies demnach auch respektiert werden.

Dies bedeutet zudem auch, dass Du dafür Sorge tragen solltest, dass die Beiträge, die Du veröffentlichst, Emotionen in den Betrachter*innen erwecken. Mache Dir deshalb immer zuerst Gedanken darüber, wer Deine Inhalte sehen wird und wie diese Personen darauf reagieren werden – poste Beiträge also niemals einfach sofort.

Die erweckten Emotionen sollten bei den Nutzer*innen dafür sorgen, dass sie das Empfinden überkommt, dass Du beziehungsweise Dein Unternehmen toll ist. Gelingt Dir dies, kannst Du Dir im Grunde genommen sicher sein, dass Du es richtig angehst.

IV. **Die Hashtags**

Wie Du im entsprechenden Kapitel bereits lernen konntest, sind Hashtags unheimlich wichtig für Deine Beiträge. Nutzt Du sie nicht, werden Deine Beiträge in aller Regel nur einen Bruchteil der Aufmerksamkeit erfahren, als wenn Du sie mit Hashtags versehen würdest.

Da Du gewiss am Anfang nicht jeden relevanten Hashtag kennen und ihn auch nicht auf Anhieb finden wirst, kann es durchaus helfen, Dir eine Liste zu erstellen, auf der Du die für Dich wichtigsten Hashtags aufschreibst. Dies erlaubt es Dir, direkt auf bestehende Hashtags zurückzugreifen, wenn Du neue Beiträge veröffentlichst, anstelle dessen Dir zunächst umfangreiche Gedanken hierzu machen zu müssen.

Um diese Liste möglichst simpel zu erstellen, solltest Du Dir zunächst Gedanken darüber machen, welche Schlüsselbegriffe den von Dir zu veröffentlichenden Content wohl am besten beschreiben. Sobald Du diese Schlüsselbegriffe für Dich gefunden hast, geht es darum Hashtags zu finden, die zu Deinen Inhalten passen. Dafür kannst Du auch auf die Verwendung diverser Tools zurückgreifen, die Dir bei Eingabe eines Suchbegriffes die passendsten Hashtags vorschlagen. Ein solches Tool wäre zum Beispiel Iconosquare.

Damit es nicht zu einer übermannenden Flut an möglichen Hashtags kommt, solltest Du Dir konkret überlegen, welche Themen Du in Deinen Beiträgen behandeln möchtest. Denn je allgemeiner Deine Themen ausfallen, desto größer die Vielfalt an Hashtags. Versuche Dich deshalb möglichst präzise zu halten und Dich eingehend mit den Themen Deiner Beiträge zu befassen.

Bedenke bei der Verwendung Deiner Hashtags unbedingt die Richtlinien, die Du bereits kennengelernt hast.

### V. Die Verwendung von Links

Betrachten wir Instagram einmal aus der Sicht der aktiven Nutzer*innen können wir schnell erkennen, dass wir auf Instagram nicht direkt abgelenkt werden. Das heißt es ist durchaus möglich, sich durch diverse Fotoalben durchzuklicken ohne von der Befürchtung begleitet zu werden, dass uns gleich der nächste Link begegnet, der für eine Ablenkung vom Hauptthema sorgt.

Das bedeutet im Umkehrschluss aus unternehmerischer Sicht jedoch auch, dass es nur eine einzige, wirklich sinnvolle Position gibt, an der Du einen Link einbauen kannst – und diese Position ist Deine Profilbeschreibung.

Damit Dein Link jedoch nicht umgehend in Vergessenheit gerät, solltest Du darauf achten, dass Dein Link kurz und prägnant ausfällt. Ein weiterer Grund hierfür besteht in der Wortbeschränkung Deiner Profilbeschreibung, denn mehr als 150 Wörter sind hier nicht zulässig. Füge also den wichtigsten Link, beispielsweise den zu Deiner Webseite, immer in Deine Profilbeschreibung ein.

Sollte es sich um rotierende Links handeln, die zu bestimmten Aktionen führen, solltest Du die Laufzeit hier immer beachten. Es macht wenig Sinn, einen Link für eine Aktion einzubinden, die bereits abgelaufen ist. Damit das Ganze wirklich Sinn ergibt, solltest Du immer den Link einbinden, der zu diesem Zeitpunkt die größte Bedeutung besitzt.

Reicht Dir ein Link allein hierfür nicht aus, so besteht auch mithilfe von Tools die Möglichkeit, mehrere Links zeitgleich einzubinden. Ein solches Tool bestünde zum Beispiel in linktree, bei dem meist schon die kostenlose Version ausreichend ist.

## VI. Die Visualisierung von Botschaften

Das Ziel, welches Du mit der Verwendung von Instagram anstrebst, ist es, möglichst viele Nutzer*innen zielgerichtet ansprechen zu können.

Damit Dir dies gelingt, ist es wichtig, dass Du neben Deiner Marke und Deiner Persönlichkeit auch eine bestimmte Botschaft visuell herüberbringst. Wenn Du beispielsweise bereits anderweitig aktiv bist und Inhalte auf reiner Textbasis zur Kundenkommunikation anwendest, eignet sich Instagram erst recht zur idealen Ergänzung.

Unterschätze aber nicht die Ansprüche, die die Nutzer*innen an Deine Inhalte stellen.

Gerade, wenn es um Deine Fotos geht, sind die Ansprüche besonders hoch gesetzt. Deshalb ist es wichtig, dass Du die Fotos, die Du veröffentlichen möchtest, möglichst gut aufbereitest und nur die Fotos öffentlich stellst, die optisch ansprechend sind. Dies kann Dir auch gelingen, indem Du auf diverse Filter zurückgreifst – was nicht bedeutet, dass Du fortan keinesfalls mehr unbearbeitete Bilder veröffentlichen darfst.

Letzteres zeigen auch Prominente. Verlasse Dich jedoch nicht allzu sehr darauf, sondern stelle lieber nur gelegentlich unbearbeitete Bilder online. Du wirst dabei schnell die Erfahrung machen können, dass Deinen Bildern eine größere Aufmerksamkeit zukommt, je schöner Du sie aufbereitest.

Wovon Du unbedingt absehen solltest ist es, einfach Fotos, die online verfügbar sind, herunterzuladen und diese auf Deinem eigenen Profil zu veröffentlichen. Gleiches gilt auch für Grafiken, die lediglich Tipps beinhalten, die allerdings langweilig oder schlecht aufbereitet sind. Zwar mögen letztere Grafiken durchaus ankommen, wenn Du sie auf Facebook veröffentlichst - für Instagram besitzen sie jedoch eine zu geringe Qualität.

Triffst Du dennoch die Entscheidung etwaige Grafiken in Deinen Feed zu posten, die Sprüche, Tipps oder Zitate enthalten, so solltest Du zumindest darauf achten, dass Du Dir ein Bild für einen angemessenen Hintergrund des Ganzen aussuchst. Solche Grafiken kannst Du ohne Weiteres mithilfe diverser Tools, so beispielsweise Canva, erstellen. Um aber die ideale Grafik zu erstellen, macht es Sinn, dass Du drei Tipps befolgst.

Zum einen ist es unabdingbar, dass Deine Grafik mit Deinem eigenen Branding konform ist, sodass Du einen Wiedererkennungswert besitzt. Verwende für die Grafiken am besten immer die gleiche Schriftart und Farbe.

Zum anderen solltest Du auf Deinen Grafiken immer das Logo und Deine Webseite einbinden. Dies erzeugt einen weiteren Bezug zu Deinem Unternehmen.

Darüber hinaus solltest Du, sofern Du Links auf Deinen Grafiken einbinden möchtest, immer simpel zu merkende Links nutzen.

Sorge demnach für ausreichend Abwechslung und veröffentliche nicht nur Bilder aus Deinem alltäglichen Arbeitsleben, sondern ebenso auch Grafiken, Fotos und diverse andere Tipps. Auch kannst Du Videos veröffentlichen, jedoch sind diese häufig weniger beliebt als Fotos.

Apropos Videos – auch das bedeutet natürlich nicht direkt, dass Du diese auf gar keinen Fall veröffentlichen solltest. Dies obliegt weiterhin Dir selbst. Triffst Du die Entscheidung Videos zu veröffentlichen, so können diese eine Dauer von einer Minute nicht überschreiten. Berücksichtige deshalb drei wichtige Aspekte:

1. Hast Du einen Tipp vor Augen, den Du im Rahmen eines Videos auf Instagram mit einer maximalen Laufzeit von 1 Minute aufbereiten kannst?
2. Können die Personen, die Dein Video sehen, dieses auch verstehen, wenn sie keinen Ton eingeschaltet haben? Denn nicht selten sehen sich die Nutzer*innen die Videos lautlos an, sodass sie auch

ohne Ton einen Mehrwert mit sich bringen sollten. Hilfreich kann es an dieser Stelle sein, das Video alternativ mit einem Untertitel zu belegen. Dies sorgt nicht zuletzt auch dafür, dass die Zuschauer*innen geneigt sind, sich Dein Video noch länger anzusehen. Da dies entsprechend der Länge des Videos durchaus anstrengend sein kann, können die automatischen Untertitel hier Abhilfe schaffen.

Um diese verwenden zu können, musst Du Deine Facebook App öffnen und dort die Video-Datei hochladen, die Du auf Instagram veröffentlichen möchtest. Anschließend siehst Du in der rechten Menüleiste einen Button mit der Bezeichnung „CC". Wenn Du diesen anklickst, werden die passenden Untertitel für Dein Video erzeugt. Diese solltest Du allerdings nicht einfach nur übernehmen, sondern bestenfalls noch einmal gegenlesen, da es natürlich immer sein kann, dass es an bestimmten Stellen zu Abweichungen kommt und der Untertitel nicht mit dem Gesagten übereinstimmt. Wenn dem so sein sollte, kannst Du den Untertitel ganz simpel antippen und über „Untertitel bearbeiten" noch einmal manuell anpassen. Anschließend geht es darum, dass Du das richtige Layout für Deinen Untertitel auswählst – hierbei kannst Du Anpassungen im Hinblick auf die Farbe, die Größe sowie die Schriftart vornehmen und das Video herunterladen, sodass es in Deiner Galerie gespeichert wird, von wo aus Du das Video umgehend auf Instagram hochladen kannst.

3. Hab' Spaß! Nichts ist schlimmer als Videos, die aufgrund von Langeweile unsympathisch wirken. Wenn Du Deine Videos mit Humor aufnimmst, wirkst Du auf die Zuschauer*innen direkt um ein Vielfaches sympathischer.

## Erhöhe Deine Reichweite und Sichtbarkeit

Menschen shoppen und lernen komplett anders, als vor ein paar Jahren. Deshalb müssen Marketer sich anpassen oder sie riskieren, unterzugehen.

*- Brian Halligan*

## *Warum es wichtig ist, Dir Reichweite und Sichtbarkeit aufzubauen*

Einer der unbestrittenen Grundgedanken hinter der Social Media Plattform Instagram besteht darin, sich eine Fangemeinde aufzubauen, sprich Leute für sich zu gewinnen, die zu Follower*innen werden und nicht lediglich einmalig das Profil aufrufen. Gelingt es Dir eine Fangemeinde für Dich aufzubauen, steigert dies nahezu automatisch das Interesse Dir als Influencer*in gegenüber. Nicht ohne Grund lässt sich die Anzahl der Follower*innen bereits aufgrund der Anordnung an oberster Stelle im Profil sofort einsehen. Um also für Kooperationspartner*innen wirklich interessant zu werden, muss schlussendlich auch die Anzahl der Follower*innen stimmen, was bedeutet, dass sie nicht zu gering ausfallen sollte.

Damit aber längst nicht genug, denn auch das Vertrauen in Dich als Person und Marke steigt, je mehr Follower*innen Du für Dich gewinnen kannst. Somit bist Du nicht mehr nur interessant, sondern gleich auch noch vertrauenswürdig. Ein Faktor, der für Unternehmen von entscheidender Relevanz ist und dabei helfen kann, den angebotenen Produkten einen gewissen Status zukommen zu lassen.

Du kannst das Ganze im Grunde genommen mit Rezensionen vergleichen, die Du im Internet finden kannst. Gelangen potenzielle Kund*innen zu der Erkenntnis, dass etwas ausreichend viele positive Bewertungen besitzt, so sorgt dies für einen Anstieg des Vertrauens. Ganz ähnlich verhält es sich auch mit einem Besuch im Restaurant, denn hier wirst Du Dich, sofern Du denn die Wahl hast, vermutlich eher die Entscheidung für ein gut besuchtes Restaurant mit einem netten Ambiente treffen, anstelle dessen ein leeres Restaurant aufzusuchen, welches Dir noch nicht bekannt ist – und genauso ist es eben auch mit der Fangemeinde auf Instagram.

Das bedeutet nicht gleich, dass Du von nun an direkt immens viele Follower*innen haben musst, sondern nur ausreichend viele, um Dir ein gewisses Vertrauen aufzubauen und verglichen mit Deiner eigenen Konkurrenz nicht ohne jegliche Fangemeinde dazustehen.

## Wie Du Deine Reichweite und Sichtbarkeit steigerst

Nun, wo Du Dir über die Bedeutung der Reichweite auf Instagram im Klaren bist, stellt sich sicherlich die Frage, wie Du nun konkret Deine Reichweite und Sichtbarkeit erhöhen kannst.

Einer der wohl einfachsten Schritte besteht darin, die Profile Deiner Konkurrenz einmal genauer in Augenschein zu nehmen. Welche Personen folgen ihnen? Rufe Dir die Profile der Follower*innen auf, schreibe Kommentare unter den Beiträgen, die sie veröffentlicht haben und like diese. Dies sorgt dafür, dass Du das Interesse und die Aufmerksamkeit auf Dich ziehst und aller Wahrscheinlichkeit nach sogar direkt die Leute ansprichst, die zum großen Teil ohnehin Deiner Zielgruppe zugehörig sind. Hierzu aber mehr im Kapitel „Wer ist Deine Zielgruppe?"

Ob sich die Arbeit auszahlt oder nicht, lässt sich schnell anhand der Zahlen erkennen. Folgst Du den Follower*innen Deiner Konkurrenz beispielsweise zurück, so kannst Du erwarten, dass auch Dir im Durchschnitt 13 Prozent zurückfolgen werden. Folgst Du denjenigen nicht nur, sondern likest auch gleich einige der Beiträge, so kannst Du davon ausgehen, dass Dir rund 31 Prozent der Personen zurückfolgen werden.

Nun scheint es naheliegend zu sein, den Follower*innen Deiner Konkurrenz für lediglich wenige Tage zu folgen und ihnen, sobald sie zu Deinen Follower*innen geworden sind, wieder zu entfolgen. Davon solltest Du allerdings tunlichst absehen, denn dieses Handeln ist von Instagram nicht gern gesehen und kann sogar Strafen für Deinen Account nach sich ziehen.

Damit Du für die Nutzer*innen als ansprechender Account wahrgenommen wirst, solltest Du vorrangig die Dinge optimieren, die den Nutzer*innen als erstes ins Auge stechen. Neben Deinem Feed, der dementsprechend einheitlich gestaltet sein sollte, sind dies Deine Profilbeschreibung, die im Übrigen als Bio bekannt ist, sowie Dein Profilbild. Bei Deiner Bio solltest Du, wie Du bereits gelernt hast, die Wortbeschränkung von 150 Wörtern beachten und am besten Deine Webseite mit einbinden. Im Hinblick auf Dein Profilbild sollte dies idealerweise das Firmenlogo umfassen – sofern dieses aber nicht vorhanden sein sollte, solltest Du Dich für ein alternatives Profilbild entscheiden, welches einen Rückschluss auf Dich beziehungsweise Dein Unternehmen zulässt und somit einen Wiedererkennungswert aufweist.

Nutze zur Erhöhung Deiner Reichweite zudem immer Hashtags unter Deinen Beiträgen, um Deine Inhalte mehr Nutzer*innen zugänglich zu machen. Ein Verzicht auf die Verwendung von Hashtags würde lediglich dazu führen, dass Du Dich selbst in Deinem Wachstum auf Instagram einschränkst.

Nicht weniger wichtig ist zudem auch die Uhrzeit, zu der Du Deine Inhalte veröffentlichst. Diese solltest Du daran festmachen, wann genau Deine

Zielgruppe auf Instagram aktiv ist. Dies kannst Du mit einem einfachen Blick in die Instagram Insights ausfindig machen. Damit Du hierbei das größtmögliche Potenzial ausschöpfen kannst, sollte dies im besten Fall gleich auch eine Uhrzeit sein, zu der nicht unbedingt auch Deine eigene Konkurrenz Beiträge hochlädt.

Auch kannst Du Deine Reichweite und Sichtbarkeit effektiv steigern, indem Du darauf achtest, Deine Inhalte mit einem Mehrwert für die Nutzer*innen zu versehen. Gelingt Dir dies und Deine Beiträge wirken dementsprechend ansprechend, so ist die Wahrscheinlichkeit hoch, dass sich die Nutzer*innen Deine Inhalte speichern werden, um zu einem späteren Zeitpunkt erneut auf diese zugreifen zu können, ohne erst ewig wieder nach dem entsprechenden Beitrag auf Deiner Seite suchen zu müssen. Zudem kommt es auch relativ häufig vor, dass die Nutzer*innen solch interessante Inhalte auch gleich noch mit ihren eigenen Follower*innen teilen, sodass noch mehr Leute als ohnehin bereits auf Dich aufmerksam werden.

Nutze zudem immer die Möglichkeit, die Inhalte Deines Feeds um Instagram Stories zu ergänzen. Diese besitzen zwar eine limitierte Sichtbarkeit aufgrund der zeitlichen Beschränkung von 24 Stunden, doch können sie dennoch bei vielen Nutzer*innen auf Interesse stoßen und somit Deine Sichtbarkeit und Reichweite verbessern. Um das gesamte Potenzial auszuschöpfen, macht es durchaus Sinn, ebenfalls Reels zu posten.

Berücksichtige hierbei am besten immer, welche neuen Formate als Features von Instagram herausgebracht werden. Denn genau jene Funktionen werden vor allem in der Anfangszeit enorm in den Fokus gerückt, sodass Du sie unbedingt für Dich nutzen solltest.

Behalte zudem auch mögliche Trends und Challenges kontinuierlich im Auge und wäge ab, ob Du sie nicht auch für Dich umsetzen solltest, sofern Du feststellst, dass diese besonders gut bei den Nutzer*innen ankommen.

## Die Messung Deines Erfolges auf Instagram

Gerade wenn es darum geht Instagram anzuwenden, um sein Unternehmen bekannter zu machen, ist es fast schon unmöglich, dass Du die Maßnahmen, die Du im Rahmen Deines Marketings vornimmst, nicht misst. Schließlich möchtest Du wissen, ob die angestrebten Marketingmaßnahmen sinnvoll sind oder ob Du lieber andere Maßnahmen anstreben solltest. Letzten Endes geht mit jedem Einsatz von Marketingstrategien auch ein gewisser

Ressourcenaufwand einher – ob nun auf finanzieller oder auch personeller Ebene. Fakt ist, dass die Marketingmaßnahmen, die durchgeführt werden, sich rentieren müssen.

Wie aber kannst Du dies für Dich herausfinden?

Auch an dieser Stelle kommen wieder die Instagram Insights zum Tragen, die Dich mit wertvollen Informationen beliefern, die Du zum einen direkt für Deine Maßnahmen auf Instagram direkt anwenden kannst als auch für Maßnahmen, die Du fernab der sozialen Medien umsetzen möchtest.

Worauf Du somit immer einen Blick haben solltest sind die sogenannten Key-Perfomance-Indicators, kurz KPIs. Jene von ihnen zeigt auf, welche Erfolge bereits erzielt werden konnten und an welchen Stellen noch weiteres Potenzial besteht. Somit erlauben Dir die Insights auch, welche Influencer*innen Du eventuell für Kooperationen in Betracht ziehen solltest.

Einer der wichtigsten Faktoren bei der Messung Deines Erfolges ist das Engagement. Hierbei handelt es sich um die Interaktionen, die die Nutzer*innen mit Deinen Beiträgen tätigen. Umso mehr Kommentare und Likes Du von den Nutzer*innen unter Deinen Beiträgen erhältst, desto erfolgreicher bist Du. Das Engagement lässt sich dabei anhand der Engagement-Rate berechnen, wobei die stattgefundenen

Interaktionen durch Deine Follower*innenanzahl dividiert wird.

Dem gegenüber stehen die sogenannten Impressionen. Sie spiegeln wider, wie häufig Deine Beiträge von anderen Nutzer*innen gesehen wurden. Dabei ist es unerheblich, ob diese Personen bereits zu Deinen Follower*innen gehören oder nicht. Auch das mehrfache Aufrufen Deiner Beiträge durch einzelne Nutzer*innen werden jedes Mal als eine neue Impression gewertet.

Letzteres fällt jedoch nicht in die Berechnung hinein, wenn Du Deine Reichweite ermitteln möchtest. Somit steht Deine Reichweite lediglich für die reelle Personenanzahl, die Du mit Deinen Beiträgen erreicht hast.

## Das Gewinnen von neuen Follower*innen und Kund*innen

Erfolgreiches Marketing ist immer einfach.
Es gründet sich auf solide Arbeit bei
Produkten und Dienstleistungen – und,
am wichtigsten, auf die Wahrheit.

*- Michael J. Pabst*

Dir steht eine Vielzahl an Möglichkeiten zur Verfügung, die allesamt dabei helfen können, Follower*innen für Dich zu gewinnen. Allem voran ist es sinnvoll, dass Du bei anderen Nutzer*innen Kommentare hinterlässt und auf mögliche Fragen, die sie an Dich haben, eingehst. Auch kann es hilfreich sein, wenn nicht nur Du auf Fragen der Nutzer*innen eingehst, sondern Du ihnen gegenüber ebenso Fragen stellst. Like die Kommentare, die die Nutzer*innen explizit an Dich richten und erwähne sie in Deinen Beiträgen und Kommentaren.

Neben diesen Maßnahmen steht es Dir frei, die Option von Shoutouts wahrzunehmen. Hierbei geht es darum, dass Du das Angebot Deiner Konkurrenz oder ihr Profil bewirbst. Hierbei solltest Du allerdings darauf achten, dass die Accounts etwa über gleichviele Follower*innen wie Du selbst verfügt, sodass es sich rentiert. Shoutouts kannst Du in Deinen Instagram Stories veröffentlichen, wo sie dann nach 24 Stunden automatisch gelöscht werden. Zwar mag dieser Zeitraum recht kurz erscheinen, doch ist er durchaus bereits ausreichend, um neue Follower*innen für Dich zu gewinnen.

Auch Contests und Gewinnspiele können, vor allem in der Anfangszeit, schnell dafür sorgen, dass Du von einem erheblichen Wachstum an Follower*innen profitierst. Allerdings gilt es gerade in Bezug auf die Gewinnspiele einige Aspekte zu beachten, denn natürlich möchten die Nutzer*innen gerne etwas gewinnen, weshalb auch ihr Interesse entsprechend rege ausfällt.

Plane die entsprechenden Aktionen im Vorhinein und definiere Dir ein konkretes Ziel, was Du mit den einzelnen Aktionen erreichen möchtest und worauf es in diesem Zusammenhang womöglich auch ankommt. Sobald Du Dir Dein Ziel gesetzt hast, kannst Du aus einer breiten Vielfalt an Aktionen auswählen, was Dir am besten gefällt. Um nur einmal drei konkrete Beispiele anzuführen:

1. **Der Hashtag-Contest**
   Um den Hashtag-Contest adäquat durchführen zu können, solltest Du Dir zunächst einen Hashtag einfallen lassen, der bisher noch nicht genutzt wurde. Idealerweise solltest Du für den Hashtag die Sprache auswählen, der Deine Zielgruppe zugehörig ist.

   Um am Hashtag-Contest teilnehmen zu können, wäre es somit erforderlich, dass die Nutzer*innen Beiträge veröffentlichen und diese mit Deinem Hashtag versehen.

   Der Vorteil des Contests besteht darin, dass Du schnell anhand der Teilnahme erkennen kannst, wie erfolgreich er ist.
2. **Der Lead-Contest**

Das Ziel des Lead-Contestes besteht vorrangig darin, dass Du Adressen einsammelst. Gerade deshalb musst Du dies jedoch auch zwingend in den Teilnahmebedingungen angeben.

3. **Der Like-Contest**

   Dadurch, dass es sehr simpel ist, einen Like zu vergeben, solltest Du zwingend im Vorhinein konkrete Ziele für Dich festhalten. So könnten Bedingungen, die Du in diesem Bezug aufstellst, darin bestehen, dass die Nutzer*innen Deinen Beitrag liken und eine*n andere*n Nutzer*in unter Deinem Beitrag erwähnen müssen. Im Nachgang wird dann die Person ausgelost, die gewonnen hat. Somit kannst Du mittels dieses einfachen Contest schnell dazu beitragen, dass die Interaktionen ansteigen.

Apropos Teilnahmebedingungen – was gilt es hierbei konkret zu beachten?

- ✓ Bringe den entsprechenden Contest jeden Tag einmal zur Sprache
- ✓ Definiere in Deinen Teilnahmebedingungen wer an Deinem Gewinnspiel teilnehmen darf und was die berechtigten Personen für die Teilnahme genau tun müssen
- ✓ Kennzeichne Deine Aktionen mit einem ansprechenden Satz

- ✓ Mache Dir Gedanken über die Ziele, die Du mit Deinem Gewinnspiel erreichen möchtest
- ✓ Rechne Dir aus, welche Kosten und Preise Du im Zusammenhang mit dem Contest haben wirst, damit Du weißt, wann sich die Aktion wirklich lohnt
- ✓ Sofern Dein Ziel im Aufbau von Follower*innen besteht, solltest Du Deine Aktionen auch auf anderen Plattformen erwähnen
- ✓ Stelle auf dem Bild des Beitrages den zu gewinnenden Preis dar
- ✓ Schreibe die Teilnahmebedingungen entweder direkt in die Caption des Beitrages oder setze einen Link in Deiner Bio mit dem Hinweis ein, dass über den Link die Bedingungen für das geltende Gewinnspiel einsehbar sind
- ✓ Teile unter dem Beitrag mit, dass Instagram weder in Zusammenhang mit Deiner Aktion steht noch für diese verantwortlich ist, sondern Du selbst für die Aufstellung der Regeln verantwortlich bist
- ✓ Stelle die Gewinner*innen am Ende des Contests mit dem entsprechenden Gewinn auf einem Bild dar

**Zusammengefasst:**

- ✓ Befasse Dich mit Deiner Engagement-Rate und steigere diese aktiv

- ✓ Binde die Nutzer*innen von Instagram in Deine Beiträge ein
- ✓ Greife in Deinen Instagram Stories nicht nur neue Beiträge auf, die Du soeben veröffentlicht hast, sondern ebenso auch bereits vorhandene Beiträge, um sie zielgerichtet zu bewerben; so kannst Du rückwirkend noch einmal neue Kommentare und Likes generieren und somit eine große Menge an Nutzer*innen ansprechen, die den entsprechenden Beitrag womöglich noch nicht gesehen haben
- ✓ Kommentiere und like die Beiträge Deiner Follower*innen und fordere regelmäßig über einen Call-to-Action zu bestimmten Dingen auf, wie beispielsweise den Beitrag zu speichern; das Speichern von Deinen Beiträgen wirkt sich zudem positiv auf den Algorithmus für Dich aus
- ✓ Mache Dir unterschiedliche Contests mit Aufgaben und Gewinnen zu Nutze, um Deine Reichweite zu erhöhen
- ✓ Nimm die Möglichkeit der Interaktion mit Deinen Follower*innen wahr
- ✓ Nutze das volle Potenzial von Instagram aus und veröffentliche somit neben Bilder, IGTV-Videos und Videos auch die Funktion der Instagram Stories; diese erlauben es Dir nicht zuletzt auch Deine Reichweite zu erhöhen, neue Features

einzubinden, Umfragen zu starten und auf laufende Gewinnspiele aufmerksam zu machen

- ✓ Nutze Reposts und Shoutouts
- ✓ Setze auf das Motto Qualität vor Quantität – damit Du aber etwas auf Instagram bewirken kannst, solltest Du mindestens 3 bis 4 Beiträge wöchentlich erstellen, besser wäre sogar mindestens 1 Beitrag täglich Gerade am Anfang sollte Dein Profil bereits vielversprechend und professionell wirken. Damit die Nutzer*innen also nicht auf ein gänzlich leeres Feed stoßen, macht es durchaus Sinn, wenn Du bei der Erstellung Deines Instagram Profils auch gleich 9 Bilder in Deinem Feed veröffentlichst, um eine Seite voll befüllt zu haben.
- ✓ Veröffentliche hochwertige Beiträge, die anspruchsvolle Motive darstellen
- ✓ Versieh Deine Beiträge immer mit einer entsprechenden Bildunterschrift

Um Dir effektiv Follower*innen aufzubauen, macht es zudem auch Sinn, wenn Du die Live-Funktion auf Instagram verwendest. Diese versendet beim Starten eines Livestreams Benachrichtigungen an Deine Follower*innen, dass Du live gegangen bist, sodass Dir noch mehr Aufmerksamkeit zukommt. Nach dem Livestream hast Du 24 Stunden lang Zeit, diesen auch in Deinem Feed zu speichern, sofern Du dies wünschst. Dies erlaubt es beispielsweise auch Nutzer*innen, die nicht direkt in Deinem Livestream dabei sein konnten, diesen eine Weile später noch einmal nachträglich anzusehen. Das heißt, wenn Du auf das Speichern des Livestreams verzichtest, verzichtest Du zugleich auch auf die Chance, dass andere Nutzer*innen den Livestream ansehen können.

Im Rahmen des Livestreams kannst Du im Übrigen auch direkt mit Nutzer*innen live gehen und vor der Kamera interagieren. Dafür müssen diejenigen, die mit Dir live gehen möchten, eine Anfrage stellen, die Du dann bestätigen oder ablehnen kannst. Bestätigst Du diese, so teilt sich der Bildschirm des Livestreams, sodass beide Parteien sichtbar sind. Dies kann nicht nur dafür sorgen, dass Du von spannenden Informationen berichten kannst, sondern auch dafür, dass noch mehr Leute auf Dich aufmerksam werden, da Du mit anderen Personen livestreamst, deren Follower*innen ebenfalls eine Benachrichtigung über das Ganze erhalten.

Vor allem deshalb solltest Du auch niemals das Engagement, was Du mit den Nutzer*innen auf Instagram anstrebst, vernachlässigen oder zu kurz kommen lassen. Ja, es wird Dich vermutlich einiges Deiner Zeit kosten, doch resultiert schlussendlich auch darin, dass Dir mehr Leute folgen werden.

## Instagram als Marketingtool

Instagram eignet sich nicht nur dafür, in eine Interaktion mit Deinen Follower*innen zu treten, sondern kann durchaus auch effektiv als Marketingtool verwendet werden – und zwar sowohl von Privatpersonen, als auch von Influencer*innen, Marken sowie Unternehmen. Möchtest Du als Unternehmen die Möglichkeiten von Instagram für Dich nutzen, so solltest Du auf das Visual Storytelling setzen.

Somit fördert der Einsatz von Instagram im Rahmen des Marketings eben nicht nur Deine Bekanntheit und das Markenimage, sondern verbessert auch die Produktkommunikation sowie die Verlängerung gewisser Kampagnen.

Kaum verwunderlich also, dass, sobald Instagram zur Sprache kommt, im gleichen Atemzug häufig das Branded Storytelling oder Visual Corporate Storytelling angesprochen wird. Die Aufmerksamkeit, die Marken und Unternehmen auf Instagram auf sich ziehen, rührt hauptsächlich von den veröffentlichten

Fotos und Videos. Sicherlich mag es gut für ein Unternehmen sein, wenn es die Aufmerksamkeit auf sich beruhen weiß, doch dies ist längst nicht ausreichend dafür, dass die Nutzer*innen direkt eine Aktion ausführen, wie es beispielsweise beim Kauf eines Produktes oder einer Dienstleistung der Fall ist. Allerdings reicht die Aufmerksamkeit zweifelsohne zunächst, um unterstützend für Deine Bekanntheit und das Markenimage zu wirken. Infolgedessen fällt es meist leichter, die gesetzten Ziele in Bezug auf den Vertrieb auf Instagram zu erreichen.

Doch die Messung dieser Vertriebsziele kann durchaus schwerfallen – vor allem dann, wenn die Conversion oder der Traffic nicht unmittelbar messbar sind. Sofern also keine Werbeanzeigen geschaltet werden, fällt Instagram somit nicht mehr in den Bereich des Performancemarketings hinein, sondern eher in den des digitalen Branding Kanals.

Teilst Du das Branding dann noch auf diverse Kanäle ein, so nimmt Instagram innerhalb des digitalen Kommunikationsmixes die treibende Rolle ein.

Worin aber besteht nun der genaue Vorteil, wenn Instagram zum Marketing angewandt wird verglichen mit anderen Kanälen?

Nun, vor allem im Direktvergleich mit Facebook wird schnell deutlich, dass die Interaktionen auf Instagram in einem deutlich ausgeprägteren Maße stattfinden. Die Hauptaktivität auf Instagram findet auf der Startseite, dem sogenannten News Feed, statt, wo die Nutzer*innen all die Beiträge von den Accounts sehen können, denen sie selbst folgen. Bis zu dem Zeitpunkt, wo der Algorithmus eingeschritten ist, wurden die Beiträge dabei vollkommen ungefiltert und chronologisch dargestellt. Doch mit Einsetzen des Algorithmus ist dies nun anders, denn nun ist er der entscheidende Faktor dafür, welche Beiträge im News Feed oben gelistet werden und welche Beiträge erst weiter unten erscheinen.

## Die Zielgruppenansprache

In den sozialen Netzwerken und vor allem auch auf Instagram werden Tag für Tag eine Vielzahl an Beiträgen veröffentlicht, die mit den unterschiedlichsten Hashtags versehen sind. In aller Regel zeugen diese Beiträge auch gleich noch von einer hohen Bildqualität mit ansprechenden Inhalten. Folglich haben auch die Nutzer*innen eine große Auswahl zwischen den unterschiedlichsten Inhalten. Das bedeutet jedoch längst nicht, dass es für Dich zu spät ist, Deine Zielgruppe effektiv anzusprechen.

Damit Dir dies gelingen kann, kommt es im Grunde genommen nur darauf an, dass Du weißt, wie Dir dies gelingt und welche Kriterien hierfür relevant sind. Die wohl wichtigsten Faktoren hast Du bereits kennengelernt – die passenden Inhalte zu der richtigen Art der Inhalte zur richtigen Zeit.

Überlege Dir demnach immer zuerst, welches Konzept Du eigentlich mit Dir beziehungsweise Deinem Unternehmen anstreben möchtest. Planlos zu starten macht an dieser Stelle nur wenig Sinn – zumal es hierdurch schnell passieren kann, dass Deine Inhalte wie durcheinander gewürfelt wirken und kein roter Pfaden mehr erkennbar ist. Auch ein stetiger Wechsel des Stils lässt Dich nicht in den Köpfen der Nutzer*innen verbleiben.

Gerade ein Unternehmensprofil offeriert Dir auf Instagram natürlich noch ganz andere Möglichkeiten, die Du mit einem privaten Profil nicht direkt hast. Als Unternehmen kannst Du aktiv Werbekampagnen starten, um Deine Zielgruppe anzusprechen. Diese kannst Du nicht nur auf Instagram, sondern ebenso mithilfe des Facebook Business Managers kreieren. Übrigens: Du kannst Dein Unternehmensprofil auf Instagram auch mit Deinem Facebook Business Manager verbinden, wodurch Du mit Hilfe es Power Editors die Anzeigen sogleich auch noch direkt auf Deiner Facebookseite schalten kannst.

Um diese aber valide angehen zu können, solltest Du Dich im ersten Schritt damit befassen, wer Deine Zielgruppe überhaupt ist.

## *Wer ist Deine Zielgruppe?*

Um Deine Beiträge auf Instagram möglichst effizient zu gestalten und sie auf Deine Zielgruppe ausgerichtet gestalten zu können, geht es zunächst um die Frage „Wer ist Deine Zielgruppe?"

Im Grunde genommen gibt es drei recht simple Schritte, die Dir bei der Definierung optimal weiterhelfen können.

Zuallererst solltest Du Dich damit auseinandersetzen, wer Du selbst beziehungsweise Dein Unternehmen eigentlich ist und warum Du Dir ein Unternehmensprofil auf Instagram angelegt hast. Es wird Dir nicht weiterhelfen, einfach wahllos eine Zielgruppe für Dich auszusuchen, die für Dich letzten Endes keinen Nutzen hat.

Um Schritt eins wirklich gut durchführen zu können, kann es hilfreich sein, einmal für Dich persönlich Instagram zu durchforsten und alles, was in Dir einen „Wow-Effekt" hervorruft, unmittelbar zu speichern. Je häufiger und intensiver Du diese Aufgabe ausführst, desto klarer wird Dir aufgrund der gesammelten Beiträge, welches Motto und Farbschema Du eigentlich gerne verfolgen möchtest. Hierbei kommt es aber wie bei so vielem natürlich darauf an, das Ganze nicht einfach eins zu eins zu übernehmen, sondern noch immer Deinen eigenen Stil einzubringen.

Vielleicht ist Dir dieser ja sogar von Anfang an bereits bewusst, sodass Du diese Aufgabe fast schon überspringen kannst.

Hast Du somit Schritt eins hinter Dich gebracht, geht es im Rahmen von Schritt zwei darum, Dich mit unterschiedlichen Fragen zu befassen und auf diese eine ehrliche Antwort zu geben.

- **Vor welchem Problem finden sich Deine idealen Follower*innen wieder?**
- **Welchen Wunsch besitzen Deine potenziellen Follower*innen?**
- **Warum ist es Deinen Follower*innen bisher nicht möglich gewesen, das Problem zu lösen und den Wunsch folglich erfüllen zu können?**

Die Antworten, die Du auf diese Fragen gibst, sorgen schon für die halbe Definierung Deiner Zielgruppe, da Du weißt, welchen Problemen Deine Follower*innen gegenüberstehen und welchen Stil Du eigentlich anstreben möchtest. Ist Dir dieses Problem bekannt, so sollten Deine Beiträge auch genau an diesem ansetzen, um Deine Follower*innen ihrer Lösung näherzubringen. Diesen Umstand solltest Du nach Möglichkeit auch direkt in der Caption verdeutlichen und das Ganze auf Deine Zielgruppe ausgerichtet formulieren.

Der dritte und somit auch letzte Schritt Deiner Zielgruppendefinierung besteht darin, die Marketing

Persona festzulegen. Gerade, wenn es um das Erschaffen des Idealbildes Deiner Zielgruppe geht, ist dieser Schritt von nicht unerheblicher Bedeutung.

Versuche Deine Follower*innen deshalb einmal differenziert zu betrachten und nicht als großes Ganzes. Blicke hinter die Fassaden und sieh Dir die einzelnen Personen an, die hinter den Profilen stecken. Hierfür bietet es sich an, eine detaillierte Charakterisierung aufzustellen, die die demographischen Daten umfasst, sprich das Geschlecht, den Wohnort, die Bildung, den Beruf sowie den Familienstand.

Sind die Antworten gefunden, solltest Du tiefergreifend mit der Charakterisierung arbeiten. Hierbei geht es dann nicht mehr um die demographischen Daten, sondern um die persönlichen Informationen wie die Hobbies, Lieblingsbücher, -filme-, -musik sowie die Charaktereigenschaften.

Lege Dir gerne auch ein Pinnboard für Deine Charakterisierung an. Auf diesem kannst Du dann all die Dinge festhalten, die für Deine Zielgruppe stehen. Dabei hast Du die Wahl, ob Du das Ganze physisch aufbereiten möchtest oder ob es Dir virtuell lieber ist.

Sicherlich mag sich das Ganze im ersten Augenblick noch durchaus so anhören, als sei es wahnsinnig simpel – doch gerade die Bilder können Dich hier noch einmal zielgerichtet unterstützen und Dir ein wirklich klares Bild verschaffen.

Ist Dir Deine Marketing Persona bekannt, ist es Dir möglich, Deine Beiträge an dieser auszurichten.

## Welche Typen die sozialen Medien nutzen

Um Deine Marketingmaßnahmen, die Du auf Instagram einsetzen möchtest, möglichst effektiv zu konzipieren, macht es Sinn, Dich zunächst mit der Segmentierung des Verhaltens zu befassen. Damit dies nicht allzu schwierig wird, hat Forrester Research ein Modell entwickelt, das eine Hilfestellung dabei bieten soll, die Gruppen der Nutzer*innen einzuteilen, sodass Du auf diese ausgerichtet Angebote bereitstellen kannst.

So gibt es die Creator*innen, die Gesprächspartner*innen, die Inaktiven, die Kritiker*innen, die Mitmacher*innen, die Sammler*innen sowie die Zuschauer*innen.

Die Gruppe der Creator*innen ist zwar recht klein, doch stellt auf Instagram eine wirkliche Bereicherung dar. Sie zeichnen sich meist dadurch aus, ihre Inhalte auf ihrem eigenen Block oder ihrer Webseite zu veröffentlichen. Meist kreieren sie darüber hinaus eigene Videos oder veröffentlichen gar eigene Musik. Zudem ist es für diese Gruppe nicht untypisch, ihre eigenen Artikel und Geschichten zu verfassen, die sie dann über unterschiedliche Plattformen für die Nutzer*innen des Internets zugänglich machen.

Die Gesprächspartner*innen, die auch als Coversionalists bekannt sind, halten sich intensiv auf Instagram auf und treten in einen direkten Austausch mit anderen Nutzer*innen. Sie sind sehr aktiv, wenn es darum geht, Beiträge zu kommentieren und in Chats mit anderen Nutzer*innen zu kommunizieren. Auch findet man diese Gruppe neben Instagram häufig in diversen Foren wieder, wobei sie zum Gesprächsaustausch oftmals Instant-Messaging-Dienste nutzen.

Die Inaktiven halten sich, wie der Name es bereits vermuten lässt, nicht wirklich aktiv in den sozialen Netzwerken auf. Um auf Angebote zu stoßen, verwenden sie vorrangig Suchmaschinen, um ihr Interesse zu decken.

Die Kritiker*innen hingegen sind überall wiederzufinden. Sie lassen sich schnell daran erkennen, dass sie ihre Meinung in Bewertungen und Rezensionen kundtun und oftmals Kommentare unter Beiträgen hinterlassen. Auch zeigen sie sich überaus engagiert, wenn es um die Nutzung von Foren oder das Publizieren von Beiträgen auf diversen Plattformen geht.

Die Mitmacher*innen nehmen ganz bewusst Anmeldungen in sozialen Netzwerken vor, um sich dort ihre eigenen Profile anzulegen und mit Freund*innen und Bekannten in Kontakt zu bleiben. Meist verhalten sie sich allerdings recht zurückhaltend, was ihre Aktivität in den sozialen Netzwerken betrifft.

Die Sammler*innen, die auch gerne als Collectors bezeichnen werden, hinterlassen gerne Abonnements für Alerts, die dafür genutzt werden können, eine Verbindung zwischen Nachrichten und Webseiteninhalten zu erzeugen. Auch setzen sie auf alle möglichen Dinge, die sie als interessant wahrnehmen, Bookmarks und Tags. Besonders aktiv sind sie auch, wenn es um die Teilnahme an diversen Umfragen geht.

Die letzte Gruppe besteht in den Zuschauer*innen, die auch als Spectators bekannt sind. In diese Gruppe fallen all die Nutzer*innen hinein, die nicht nur ihre eigenen Profile besitzen, sondern mit diesen auch aktiv die Beiträge anderer Personen verfolgen, wobei sie selbst kaum eigene Beiträge veröffentlichen. Dieser Gruppe gehört aber tatsächlich der Großteil der Nutzer*innen der sozialen Netzwerke an.

## Das Hervorheben von Beiträgen

Einen Beitrag auf Instagram hervorzuheben, funktioniert denkbar einfach. Dafür musst Du lediglich den entsprechenden Beitrag öffnen und findest, sofern Du ein Unternehmensprofil nutzt, unter diesem neben den Statistik auch die Option ihn hervorzuheben. Wählst Du die Option aus, erfolgt eine automatische

Weiterleitung zum Anzeigenmanager, der Dir dabei hilft, die Anzeige direkt an Deinem mobilen Endgerät zu erstellen. Hierfür benötigst Du lediglich wenige Augenblicke Zeit, kannst allerdings auch noch einige weitere Punkte ergänzend auswählen. Zur Auswahl stehen ein Call-to-Action-Button, die Definition Deiner Zielgruppe, das Einstellen des Gesamtbudgets und die Auswahl der Gesamtlaufzeit.

Betrachtest Du den Call-to-Action-Button genauer, kannst Du zwischen einem Button für „Mehr dazu", „Mehr ansehen", „Jetzt buchen", „Jetzt einkaufen", „Kontaktiere uns" sowie „Registrieren" wählen. Sobald Du Dich entschieden hast, kannst Du den Link einfügen, zu dem der Button eine Weiterleitung vornehmen soll.

In Bezug auf die Zielgruppe hast Du die Auswahl zwischen zwei Optionen – zum einen kannst Du Instagram die Zielgruppe definieren lassen, wovon eher abzuraten ist, da Instagram zwar durchaus weiß, welche Nutzer*innen dort vertreten ist, doch eine eigene Definition ist hierbei wesentlich besser. Das heißt Option zwei besteht in der Variante „Eigene (Zielgruppe) erstellen. Dabei kannst Du Deiner Zielgruppe einen Namen geben und die demographischen Kriterien auswählen. Hierbei erhältst Du dann auch die zusätzliche Möglichkeit die Interessen Deiner Zielgruppe auszuwählen – idealerweise solltest Du an dieser Stelle zwischen vier und zehn Interessen eintragen.

Da Du natürlich nicht unendlich viel Budget für das Hervorheben zur Verfügung haben wirst, solltest Du bei der Definition des Gesamtbudgets ein Limit setzen. Je nachdem, welchen Betrag Du hier einträgst, gibt Instagram eine grobe Einschätzung ab, wie sich Deine Reichweite in Abhängigkeit zu Deinem Budget verhält. Aber Achtung: Für Deine Reichweite spielt natürlich nicht nur Dein Budget an sich eine große Bedeutung, sondern auch Deine Zielgruppe, die Du festgelegt hast.

Hast Du das Budget festgelegt, geht es noch um das Auswählen der Laufzeit für das Hervorheben des Beitrages. Von Instagram wird hier in der Regel bereits ein Tag vorausgewählt, wobei Du dies natürlich ändern kannst – und vor allem auch solltest.

Es steht somit außer Frage, dass es keine komplexe Aufgabe ist, einen Beitrag auf Instagram hervorzuheben und doch besteht ein klarer Nachteil. Denn Instagram erlaubt Dir bei dem Hervorheben von Beiträgen lediglich geringe Einstellungen, was die Feinjustierung und Optimierung anbelangt.

## Die Instagram-Anzeigen

Neben dem Hervorheben von Beiträgen kannst Du auf Instagram auch aktiv Werbeanzeigen schalten.

Diese kannst Du wahlweise direkt über den Anzeigenmanager von Instagram erstellen, wovon allerdings aufgrund der geringen Einstellungsmöglichkeiten eher abzuraten ist. Die Verwendung des Anzeigenmanagers erlaubt es Dir beispielsweise nicht Carousel Ads zu erstellen und auch die Beiträge, die Du für Deine Werbeanzeigen verwenden möchtest, müssen zwingend bereits auf Deinem Feed öffentlich sein. Zwar besteht durch den Anzeigenmanager die Möglichkeit, dass Du mehrere Beiträge zeitgleich bewirbst – dies fällt jedoch aufgrund der Unübersichtlichkeit eher kontraproduktiv aus. Um also Deine Anzeigen auf Instagram wirklich effektiv und umfangreich gestalten zu können, empfiehlt es sich eher, auf den Power Editor zurückzugreifen.

Sieh allerdings unbedingt davon ab, einfach irgendwelche Deiner Beiträge ohne Sinn und Verstand zu bewerben, sondern wähle sie mit Bedacht aus. Hierbei solltest Du vor allem auch berücksichtigen, ob der zu bewerbende Beitrag dazu in der Lage ist, Deinem gesetzten Ziel zuträglich zu sein.

Je nachdem, welches Ziel Du Dir gesetzt hast, kann es sogar sinnvoll sein, die Facebook und Instagram Werbeanzeige miteinander zu kombinieren. Auch gilt es in diesem Zusammenhang eine Entscheidung über das Format zu treffen sowie darüber, welches

Tool Du nutzen möchtest – den Anzeigenmanager oder doch lieber den Power Editor.

Vor allem wenn Du Dich mit Deiner Marke oder Deinem Unternehmen auf Instagram bewegst, wirst Du kaum daran vorbeikommen, Werbeanzeigen auf Instagram zu schalten. Natürlich fallen in diese Kategorie grundsätzlich auf die hervorgehobenen Beiträge hinein – damit ist der Funktionshorizont jedoch längst nicht erreicht.

Ziehe immer auch die anderen Optionen in Betracht, denn der entscheidende Faktor darüber, ob Du erfolgreich auf Instagram sein wirst oder nicht, geht immer auch mit dem Motiv einher. Es kommt darauf an, dass die Anzeige, die Du schaltest, eine Geschichte erzählt. Denke deshalb immer gleich in Inhalten, wenn Du Werbeanzeigen schalten möchtest.

Überlege Dir, welches Motiv sich für Deine Anzeige am ehesten anbietet, um Neugierde zu erwecken und Aufmerksamkeit zu erregen. Mache Dir Gedanken darüber, wie Du Deine Anzeige idealerweise gestalten solltest, um für Deine Zielgruppe ansprechend zu wirken. Überlege Dir, welches Ziel Du mit dem Schalten Deiner Anzeige verfolgst.

Ehe Du die Antworten auf diese Fragen noch nicht für Dich gefunden hast, wirst Du keine Anzeige schalten können, die wirklich zu Erfolg führt. Ganz im

Gegenteil – vielmehr wird Deine Anzeige als Störfaktor angesehen.

Möchtest Du vermeiden, dass die Nutzer*innen infolgedessen böse Kommentare unter Deinen Beiträgen hinterlassen, so ist es wichtig, dass Du immer anhand einer durchdachten Strategie arbeitest und die Bildsprache für Dich nutzt. Gelingt Dir dies, geht von Deinen Anzeigen eine gewisse Überzeugungskraft aus, die für potenzielle neue Follower*innen sorgt.

## *Verkaufsstarke Textvorlagen*

Möchtest Du mit Deinen Beiträgen dafür sorgen, neue Follower*innen und womöglich sogar Kund*innen für Dich zu gewinnen, wird es wenig zielführend sein, lediglich ein ansprechendes Bild zu veröffentlichen, dieses jedoch mit einem langweiligen Text zu untermauern. Tatsächlich ist an dieser Stelle auch nicht einmal die Textlänge entscheidend.

Einen guten Anfang stellen schon einmal eine knackige Headline sowie eine Aufforderung zu einer Handlung dar. Zudem solltest Du Deinen Text so wählen, dass er dazu fähig ist, die Begeisterung in Deiner Zielgruppe hervorzurufen. Das bedeutet jedoch zwangsläufig, dass Deine Texte verkaufsstark ausfallen müssen und zugleich zur Identifikation Deiner Zielgruppe mit Dir und Deinen Beiträgen beitragen.

Texte, die dazu in der Lage sind, Deine Zielgruppe zu fesseln, bergen gleich mehrere Vorteile. Und zwar nicht nur, weil Deine Follower*innen bei Dir bleiben und Deine zukünftigen Beiträge ebenso betrachten werden, sondern auch, weil die Anzahl Deiner Interaktionen ansteigt, Deine Beiträge mehr Likes

erhalten und häufiger geteilt werden, sondern auch, weil die Wahrscheinlichkeit Deiner Verkäufe schlichtweg steigt.

Allem voran gilt es, dass Du Deinen Follower*innen mit Deinen Beiträgen beziehungsweise den Captions einen Mehrwert bietest und gleich mehrere Sinne ansprichst. Dies sorgt dafür, dass Du von den Nutzer*innen als vertrauenswürdiger und sympathisch erachtet wirst. Selbst Deine Kompetenz wird hierdurch augenscheinlich verbessert.

Entscheidend ist unter anderem auch, wie genau Du Dich ausdrückst. Wenn Du beispielsweise Texte nutzen möchtest, die man sehen kann, so kannst Du unter anderem Ausdrücke wählen wie „Achte auf…“, „Beobachte…“, „Bildlich gesprochen…“, „Wie Du siehst…“, „So wie es aussieht…“ oder auch „Stell Dir vor…“ Bestenfalls sorgen diese Ausdrücke dafür, dass die Leser*innen die Dinge tatsächlich vor ihrem inneren Auge sehen und die Aufmerksamkeit auf Dich gezogen wird.

Ähnlich verhält es sich mit Ausdrücken, die das „Hören“ implizieren, wie „Wie klingt das für Dich?“, „Hör‘ Dir das mal an…“, „Laut und deutlich“, „Mir ist zu Ohren gekommen, dass…“ oder ähnliches. Diese Ausdrücke sorgen im Idealfall dafür, dass die Leser*innen förmlich ein*e Sprecher*in in ihrem Kopf haben und am liebsten wissen möchten, wie es denn nun konkret weitergeht.

Auch das „Fühlen“ kannst Du für die Leser*innen verdeutlichen. Hierfür bieten sich Ausdrücke wie „Bewegende Momente…“, „Das versetzt Dein Herz in Freude“, „Du spürst förmlich, wie Du…“ oder „Spürst Du es bereits?“ an. Es kommt somit zu einer direkten Ansprache Deiner Emotionen und Gefühle.

Und genau dieses Ansprechen der unterschiedlichen Sinne führt dazu, dass Du die Leser*innen förmlich abholen kannst.

Behalte mit den Texten, die Du formulierst, immer zwei Grundsätze vor Augen – zum einen möchtest Du ein vorhandenes Ziel erreichen und zum anderen möchtest Du ein Problem lösen.

Für die Texterstellung selbst solltest Du Dir dann die AIDA-Strategie zu Herzen nehmen.

Das A steht dabei für „Attention“, sprich die Aufmerksamkeit, die Du in den Leser*innen erzeugen solltest. Ohne diese wirst Du Deine Zielgruppe nicht ansprechend können. Mache Dir Gedanken darüber, wie es Dir gelingen kann, die Botschaft so zu vermitteln, dass die Leser*innen innehalten. Hierfür bieten sich beispielsweise auffällige Wörter und gezielte Ausdrücke an, die Du auch direkt in Deinen Beiträgen einbinden kannst. Von besonderer Bedeutung ist zudem auch eine starke Headline, die in den Leser*innen die Neugierde erweckt.

Um die Headline möglichst ansprechend zu gestalten und die Aufmerksamkeit zu wecken, macht es Sinn, bestimmte Wörter zu nutzen. Hierzu zählen unter anderem „Effektiv“, „Erstaunlich“, „Fatal“, „Garantie“, „Garantiert“, „Geheimnis“, „Leicht“, „Neu“, „Sofort“ oder „Verblüffend“.

Das I steht für „Interest“, sprich das Erwecken des Interesses. Hierfür solltest Du die Probleme Deiner Zielgruppe identifizieren und sie dazu bringen, Deinen Text zu lesen. Baue ihn deshalb so auf, dass die Augen des Kunden angesprochen werden und ein Mehrwert geboten wird. Bulletpoints sind eine gute Möglichkeit, um die Inhalte interessant aufzubereiten.

Das D steht für „Desire“. Es geht darum, die Sehnsucht in den Leser*innen herauszukitzeln, indem Du den Traumzustand verbildlichst und dafür sorgst, dass die Leser*innen diesen in jedem Fall erreichen möchten. Als Beispiel: „Stell' Dir vor, dass Du jetzt Deinen Traumkörper hast und von den Menschen aus Deiner Umgebung dafür viele Komplimente erhältst."

Finden sich die Leser*innen in den beschriebenen Wünschen wieder, werden sie Deinen Text aufmerksam lesen und gefesselt von ihm sein.

Das letzte A steht für „Action", was eine konkrete Handlungsaufforderung impliziert. Dafür sollte der Prozess möglichst simpel und selbsterklärend gehalten sein, während Du die Leser*innen förmlich an die Hand nimmst und klare Anweisungen gibst. An diesem Punkt wird dann auch der Call-to-Action relevant, der das Ende Deines Textes unkompliziert darstellt. Dies könnte beispielsweise etwas sein wie „Swipe up, um endlich Deinen Traumkörper zu erreichen!"

Die Berücksichtigung der AIDA-Strategie trägt effektiv zur Erhöhung Deiner Reichweite, der Generierung von mehr Likes und dem Gewinn neuer Follower*innen bei.

# Die Monetarisierung Deines Kontos

Moderne Markenführung heißt:
Netzwerke und herrsche!
*- Oliver Herme*

Die Monetarisierung Deines eigenen Kontos kann durchaus praktisch für Dich sein. Bisher haben viele Personen lediglich angenommen, dass ausschließlich YouTube so etwas erlaubt oder wenn überhaupt lediglich überaus bekannte Influencer*innen von diesem Privileg profitieren können, doch dem ist nicht so.

Verfügst Du erst einmal über das richtige Hintergrundwissen, so ist es auch kleineren Accounts möglich, das eigene Konto zu monetarisieren – und zwar viel besser, als womöglich angenommen. Dementsprechend dient dieses Kapitel dazu, Dir effektive und simpel umzusetzende Ideen zu vermitteln, wie Du mit Deinem Instagram Account Geld verdienen kannst – und das ist nicht nur das Influencermarketing.

# Die verschiedenen Marketingarten

In diesem Kapitel lernst Du drei wichtige Marketingarten kennen, die Dir bei der Monetarisierung Deines Instagram-Accounts weiterhelfen.

## Das Affiliate Marketing

Bei dem Affiliate Marketing geht es darum, dass sich Deine Follower*innen einen bestimmten Link aufrufen und über diesen eine Bestellung tätigen. Für jede dieser Bestellung erhältst Du eine Provision, die sich in Abhängigkeit zu Deinen Inhalten und Deiner Reichweite erheblich summieren kann.

Es gibt einige Partnerprogramme, die Du hierfür verwenden kannst und die zuverlässig sind, was die Auszahlungen anbelangt. Neben Amazon gibt es unter anderem auch noch den Digistore24, Udemy oder Zalando.

Diese Partnerprogramme kamen eins vorrangig innerhalb von Blogbeiträgen oder direkt auf Webseiten vor, sind jedoch mittlerweile auch auf Instagram überaus beliebt.

Wann aber macht es Sinn für Dich das Affiliate Marketing zu nutzen?

Hierzu ist tatsächlich keine pauschale Aussage möglich, da dies in einer starken Abhängigkeit zu Deinen Inhalten steht. Beschäftigst Du Dich auf Deinem Profil beispielsweise mit der gesunden Ernährung und veröffentlichst passend hierzu regelmäßig Rezepte, so könntest Du spezielle Zutaten beispielsweise mit einem Affiliate Link versehen. Dies führt dazu, dass die Nutzer*innen eher geneigt sind auf den Link zu klicken und auch eher einen Kauf tätigen.

Allerdings ist das Affiliate Marketing in der heutigen Zeit nicht mehr als alleinstehende Möglichkeit zu erachten, wenn es darum geht, Dir wirklich etwas aufzubauen. Ganz klar, mit der Zeit wird es vermutlich ausreichend sein, Dir einen stabilen Nebenverdienst hierdurch zu generieren – doch bedenke, dass Du von den Unternehmen auch nur dann etwas gezahlt bekommst, wenn Verkäufe über Deinen Link getätigt werden. Ein Vorteil bei dieser Variante besteht aber zweifelsohne darin, dass Du keine Mindestreichweite hierfür benötigst.

## *Das Network Marketing*

Im Rahmen des Network Marketings kannst Du Dir eine Partnerfirma suchen, mit der Du kooperierst und Du mit Provisionen für empfohlene Produkte, die letztlich gekauft wurden, entlohnt wirst. Vom Grundgedanken erkennst Du bereits, dass gewisse Parallelen zum Affiliate Marketing bestehen – allerdings mit einem entscheidenden Unterschied, denn das Network Marketing erlaubt Dir auch den Aufbau eines Teams, an dem man passiv mitverdient.

Dies ist besonders dann lohnenswert, wenn Du das Ganze entsprechend umsetzt und Dir hierdurch ein großes Netzwerk aufbaust. Auf www.businessforhome.org kannst Du beispielsweise entsprechende Partnerfirmen finden, die für genau diesen Zweck zu haben sind.

Ähnlich wie auch bei Produktplatzierungen können sich schnell interessante Partnerschaften ergeben, die sich für Dich auszahlen können. Je größer dabei Deine Reichweite ist, desto mehr Möglichkeiten hast Du, mit Partnerfirmen zu agieren und rentabel Produkte zu empfehlen.

Selbst, wenn Du noch am Anfang mit Deinem Instagram-Account stehst und noch nicht allzu viele Follower*innen besitzt, spricht nichts dagegen, das Network Marketing zu beginnen. Behalte aber im

Hinterkopf, dass Du nur dann bezahlt wirst, wenn auch wirklich Verkäufe stattfinden. Dennoch stellt das Network Marketing eine große Chance für Dich dar.

## Die Produktplatzierungen

Bei den Produktplatzierungen handelt es sich um bezahlte Partnerschaften, bei denen es um die Platzierung von Produkten geht. Diese Art des Marketings ist stets kennzeichnungspflichtig, was allerdings keine große Herausforderung darstellt. Ist die Kennzeichnung erst einmal gesetzt, so kannst Du auch die Produktplatzierung auf Deinem Profil umsetzen.

Wie genau die Konditionen ausfallen ist je nach Produkt individuell auszuhandeln und steht in der Regel in einer direkten Abhängigkeit zu der Branche, in der Du agierst, Deinem Bekanntheitsgrad sowie auch Deinem Verhandlungsgeschickt. Hierbei können durchaus sehr hohe Summen für Dich entstehen, sofern Du eine gewisse Bekanntheit besitzt und in der richtigen Branche tätig bist.

Demnach handelt es sich um eine durchaus lohnenswerte Marketingstrategie, bei der es aber letztlich auch auf die richtigen Kontakte ankommt.

Nicht immer findet die Entlohnung hierbei monetär statt. Stattdessen kann es auch sein, dass Du die Produkte, die Du bewerben sollst, vergünstigt oder umsonst erhältst – wobei auch dies je nach Produkt durchaus rentabel für Dich sein kann.

Reist Du beispielsweise viel und veröffentlichst hierzu entsprechende Beiträge auf Deinem Profil? Dann kann es sich anbieten mit Hotels in Verbindung zu treten und eine kostenlose Übernachtung zu erhalten – im Gegenzug dazu platzierst Du eine Werbung für dieses Hotel auf Deinem Profil. Letztlich kannst Du hierdurch womöglich ganze Urlaube finanzieren und vielleicht sogar in Hotels nächtigen, in denen Du aufgrund Deines Budgets sonst nicht schlafen würdest.

## Apropos Influencermarketing - wann der Einsatz Sinn macht

2023 ist das Influencermarketing noch immer etwas, was Du unbedingt für Dich nutzen solltest, wenn Du Dir eine größere Reichweite auf Instagram aufbauen möchtest. Doch wie kannst Du überhaupt in Kontakt mit den richtigen Influencer*innen treten und diese zu einer Kollaboration bewegen?

Es steht außer Frage, dass die richtige Herangehensweise an dieser Stelle einen entscheidenden Faktor dafür darstellt, welcher Erfolg aus dem Ganzen für Dich hervorgeht. Gelingt es Dir jedoch und es entsteht eine Zusammenarbeit, so kannst Du Dir sicher sein, dass die Anzahl Deiner Follower*innen erheblich ansteigen wird, da eine Vielzahl an Nutzer*innen auf Dich aufmerksam werden wird, denen Du zuvor kein Begriff gewesen bist.

Eins gibt es in jedem Fall bei dem Ganzen zu beachten: Die Anzahl der Follower*innen der jeweiligen Influencer*innen ist nicht zwingend über den Erfolg entscheidend. Es gibt nur wenige Influencer*innen, die wirklich die Marke der halben Million an Follower*innen knacken konnten – und selbst wenn dem so sein sollte, so werden genau diese Influencer*innen für Dich kaum zu bezahlen sein und die Annahme liegt nah, dass ohnehin nicht alle Follower*innen dieser Influencer*innen wirklich echt sind. Zudem solltest Du nicht vergessen, dass Du durchaus auch noch Konkurrent*innen besitzt, die womöglich ebenfalls eine Kooperation mit genau diesen Influencer*innen aufgrund der hohen Zahlen anstreben oder für die diese zumindest interessant wäre. Es ist auch nicht auszuschließen, dass Deine Konkurrenz womöglich bereits Kooperationen mit diesen Influencer*innen abgeschlossen hat, weshalb es nicht abwegig beziehungsweise sogar zu empfehlen ist, Dein Augenmerk eher auf die kleineren Influencer*innen zu legen, die eine Follower*innenschaft von etwa 5.000 bis 100.000 Follower*innen verzeichnen kann.

Wünschenswert ist es bei Kollaborationen in jedem Fall, dass Du Dich mit den Influencer*innen direkt und persönlich absprechen kannst. Allem voran gilt es bei dem Ganzen jedoch zunächst, den Influencer*innen einmal aufzuzeigen, dass Du ein Interesse gegenüber ihren Inhalten hast. Hierfür bietet es sich an, Kommentare unter ihren Beiträgen zu hinterlassen, Likes zu setzen und die Inhalte zu teilen. Ist dies erledigt, solltest Du Dich an die individuelle Formulierung einer E-Mail an den / die Influencer*in Deines Interesses setzen. Besonders hilfreich ist es, wenn Du hierbei Deine Gegebenheiten anführst – beispielsweise, dass Du aufgrund Deines Status als Startup über kein allzu großes Werbebudget verfügst und demnach Produktproben anbieten möchtest. Sofern die Produktproben für die Influencer*in von Interesse sind und es zu einer adäquaten Absprache kommt, funktioniert dies meist recht gut.

Dennoch gibt es einige Dinge, die Du in jedem Fall vorab zur Sprache kommen lassen solltest, um die Kollaboration wirklich reibungslos verlaufen lassen zu können. Zu den Details, die Du besprechen solltest, gehört unter anderem die Art und das Ziel, was Du mit Deiner Kampagne anstrebst, die Verwendung von speziellen Hashtags und die Anzahl an Beiträgen, die Du Dir von den Influencer*innen wünschst. Auch solltest Du die Sichtbarkeit und Handlung gemeinsam mit den Influencer*innen festlegen, sodass diese bei Bedarf auf Deinen Account verweisen oder gar einen Link zu Deiner Webseite einbinden können. Prüfe abschließend noch, ob Du die Influencer*innen wirklich mit allen Informationen und Materialien versorgt hast, die sie für die Zusammenarbeit mit Dir benötigen.

Womöglich mag in Dir nun die Frage aufkommen, wie die Interaktionsraten, die die Influencer*innen auf ihren Accounts zu verzeichnen haben, von Dir genau interpretiert werden können. Da es hierbei noch keine genauen Werte gibt und es sich somit eher um Schätzwerte handelt, kannst Du beispielsweise auf influencerdb.net zurückgreifen. Doch selbst wenn es sich hierbei eher um geschätzte Werte handelt, können die Anzahl der Follower*innen, die Kommentare sowie diverse weitere Faktoren Dir dabei helfen, abzuschätzen, um die entsprechenden Influencer*innen für eine Kollaboration mit Dir sinnvoll sind.

Fakt ist, dass Du ohne jegliche Kollaborationen langfristig nicht allzu weit auf Instagram kommen wirst, weshalb es sich früher oder später immer anbietet, doch ein wenig Geld zu investieren, um nicht alles allein machen zu müssen. Jede Aktion, die Du zusammen mit Influencer*innen durchführst, wird Dich die Ergebnisse erkennen lassen – ob in Form von neuen Follower*innen, getätigten Verkäufen oder doch dem reinen Interesse. Auch wirst Du mit der Zeit schnell feststellen können, welche Influencer*innen sich für weitere Kooperationen eignen und von wem Du Dich aufgrund ausbleibender Erfolge lieber distanzieren solltest.

Neben den Mikro-Influencer*innen kannst Du übrigens auch Kollaborationen mit Nano-Influencer*innen anstreben, die lediglich über 1.000 bis 5.000 Follower*innen verfügen und deren Profile authentisch sind sowie hohe Interaktionsraten aufweisen. Gerade diese Art der Influencer*innen bringt zumeist einen hohen Mehrwert zu niedrigen Konditionen mit sich – ganz davon ab, dass es ohnehin schwierig ist, mit den wirklich berühmten Influencer*innen zu kooperieren.

Es müssen demnach keinesfalls Berühmtheiten sein, mit denen Du zwingend kooperieren musst, um auf Instagram weiterzukommen.

## Deine Checklist für die Verwendung von Instagram

Anstelle einer einseitigen Unterbrechung,
geht es beim Web-Marketing darum,
zum perfekten Zeitpunkt hilfreichen Content
zu liefern, nämlich dann,

wenn der Kunde es braucht.
*- David Meerman Scott*

---

Es ist kein Wunder, dass die Anzahl der Nutzer*innen auf Instagram einem kontinuierlichen Anstieg unterliegt – und zwar nicht nur im Hinblick auf Privatpersonen, sondern ebenso auch auf Unternehmen. Immerhin ist Instagram die ideale Plattform, wenn es darum geht, die Aufmerksamkeit auf sich zu ziehen und vielleicht auch das Interesse neuer potenzieller Kund*innen zu wecken. Nicht zuletzt erfreut sich Instagram auch aufgrund der unterschiedlichsten Funktionen wie dem direkten Kontakt zu den einzelnen Accounts größter Beliebtheit.

Doch auch, wenn Instagram durchaus keine komplizierte Plattform ist, gibt es doch – gerade im Alltag innerhalb von Unternehmen – immer wieder kleinere Herausforderungen in Bezug auf die Verwendung. Deshalb ist es umso wichtiger, die bestehenden Regeln, Tipps und Tricks zur Berücksichtigung zu ziehen.

Allem voran gilt es zunächst, dass Du Dich regelmäßig auf Instagram bewegst und Dein Profil mit immer neuen Inhalten bespielst. Damit jedoch nicht genug, denn auch die Interaktion mit anderen Nutzer*innen darf nicht in Vergessenheit geraten oder vernachlässigt werden. Hältst Du Dich hieran, erhöhst Du nicht nur

Deine Sichtbarkeit, sondern bringst auch den Algorithmus dazu, für Dich zu arbeiten.

Um Dir den Umgang mit Instagram allerdings zu erleichtern, findest Du nachstehend die passende Checkliste.

- ✓ **Das Ansehen von Instagram Stories**
  Du solltest täglich Wert darauf legen, Dir Instagram Stories von anderen Nutzer*innen anzusehen, um dort Reaktionen zu hinterlassen. Dies zeigt Dein Interesse auf, wobei Du bestmöglich auch in Kontakt mit den Nutzer*innen treten solltest. Sieh Dir hierbei auch die Stories von bekannten Persönlichkeiten auf Instagram an – genauso wie auch von Nutzer*innen, die Dir bisher nicht folgen, jedoch zu Deiner Zielgruppe gehören könnten.
- ✓ **Das Folgen neuer Profile**
  Achte während Du Dich auf Instagram bewegst darauf, welche Profile Dein Interesse auf sich ziehen, und überlege Dir, ob diese Personen womöglich Deiner Zielgruppe angehören könnten. Wenn dem so ist, solltest Du bei drei Profilen täglich einen Follow hinterlassen und mithilfe von Kommentaren und Likes versuchen, die Aufmerksamkeit noch einmal stärker auf Dich zu ziehen.
- ✓ **Die Mindestnutzungsdauer**

Du solltest Dich tagtäglich für mindestens zehn Minuten auf Instagram aufhalten und Dich in dieser Zeit mit anderen Accounts befassen. Kommentiere, like und verteile unter den Beiträgen anderer Personen Herzen. Wähle dabei allerdings nicht einfach willkürlich Personen aus, sondern versuche hierbei auf eine gesunde Mischung aus neuen Accounts zu legen, die Dir bis dato nicht folgen, sowie bereits bestehenden Follower*innen zu setzen.

- ✓ **Die Reaktion auf Erwähnungen**

  Du stellst fest, dass andere Personen Dein Profil erwähnt haben? Dann reagiere darauf und antworte auf Kommentare, die sie unter Deinen Beiträgen hinterlassen.

- ✓ **Das Posten von Beiträgen**

  Als Richtlinie solltest Du zwar grundsätzlich lieber auf die Qualität als auf die Quantität achten, jedoch solltest Du mindestens 4 bis 5 Beiträge wöchentlich, bestenfalls aber jeden Tag einen Beitrag veröffentlichen. Deine Beiträge sollten dabei Mehrwerte liefern – wenn Du es vor diesem Hintergrund also nicht schaffst, täglich etwas zu posten, so nutze lieber weniger Beiträge, die dafür aber hochwertig ausfallen.

- ✓ **Das Posten von Stories**

  Achte darauf, dass Du tagtäglich mindestens eine Story auf Deinem Profil postest, sodass die

Nutzer*innen auf Dich aufmerksam werden. Idealerweise solltest Du dafür bestimmte Zeiten nutzen, zu denen die Nutzer*innen besonders aktiv sind. Dies kann am Morgen sein, wo Du den Nutzer*innen einen entspannten Start in den Tag wünschst, Dich selbst zeigst oder auch Informationen rund um spannende Themen aus Deinem Alltag.

✓ **Das Überprüfen von Nachrichten**
Haben Dir Nutzer*innen Direktnachrichten geschrieben, die Du in Deinem Postfach wiederfinden kannst? Falls ja, so antworte umgehend auf diese.

# Abschließende Worte

Herzlichen Glückwunsch zum erfolgreichen Lesen dieses umfangreichen Ratgebers und dem Erwerb hilfreicher Kenntnisse und wertvollem Wissen rund um die Thematik Instagram.

All das erworbene Wissen wirst Du von nun an zielgerichtet und effektiv umsetzen können, um

Deine ersten Follower*innen für Dich begeistern zu können und Dir langfristig Deine Reichweite und Sichtbarkeit aufzubauen.

In diesem Ratgeber hast Du nicht nur gelernt, was hinter Instagram steckt, sprich welche Aktionen möglich sind, wo der Unterschied zwischen den Konten, sprich dem privaten, dem öffentlichen und dem Unternehmenskonto liegt, sondern auch, was es mit den Bans auf sich hat und wie diese entstehen können.

Vielmehr konntest Du Dich auch damit auseinandersetzen, wie Du Instagram idealerweise verwenden kannst, weshalb es so wichtig ist, Instagram richtig zu verwenden, welche Lukrativität mit Instagram einhergeht und wie Du Dein Instagram optimal einrichten kannst.

Ist die Einrichtung erst einmal abgeschlossen, geht es darum, die richtigen Inhalte zu veröffentlichen. Im Rahmen des Kapitels „Dein Content“ konntest Du deshalb mehr über Deine Bilder, die Verwendung von Hashtags und die Stories auf Instagram erfahren. Auch hast Du gelernt, welche Beiträge sinnvoll sind und welche Regeln es zu beachten gilt.

Sind die ersten Beiträge veröffentlicht, geht es darum, Dir Deine Reichweite und Sichtbarkeit aufzubauen. Vor diesem Hintergrund konntest Du wertvolle Informationen darüber mitnehmen, warum es so wichtig ist, dass Du Dir eine Reichweite und Sichtbarkeit aufbaust und wie Du diese steigern kannst. Da es auch darauf ankommt, beides adäquat messen zu können, hast Du erfahren, wie Du Deine Erfolgsmessung auf Instagram durchführen kannst.

Doch Instagram führst Du ja nicht lediglich zum Spaß durch, sondern auch dafür, neue Follower*innen und Kund*innen für Dich zu gewinnen. Deshalb weißt Du von nun an, wie Du Instagram als Marketingtool verwenden kannst, wie Du Deine Zielgruppe effektiv ansprechen kannst – inklusive der Definition der Zielgruppe -, welche Typen von Nutzer*innen es überhaupt in den sozialen Medien gibt und welche Werbemaßnahmen Du anstreben kannst, wozu neben dem Hervorheben von Beiträgen die Instagram-Anzeigen gehören und das Schreiben von verkaufsstarken Textvorlagen.

Da die Maßnahmen des Marketings dafür vorgesehen sind, Dein Profil zu monetarisieren, konntest Du im Rahmen des nächsten Kapitels diverse Marketingarten wie das Affiliate Marketing, das Network Marketing, sowie auch die Produktplatzierungen kennenlernen und Dich tiefergehend mit der Thematik des Influencermarketings befassen.

Schlussendlich hast Du noch eine hilfreiche Checkliste an die Hand bekommen, die Dir die Verwendung von Instagram bedeutend leichter machen soll.

Nun aber genug zu den abschließenden Worten – beginne am besten direkt mit der Umsetzung, um Dein Instagramprofil schnellstmöglich rentabel zu machen und das volle Potenzial ausschöpfen zu können.

Wenn Dir mein Ratgeber gefallen hat, würde ich mich sehr über ein ehrliches Feedback von Dir freuen!

---

Wenn Deine Geschichten nur von Deinen
Produkten und Dienstleistungen handeln,
ist das kein Storytelling.
Dann ist es eine Broschüre.
Gib Dir selbst die Erlaubnis,
Deine Geschichte größer zu machen.
*- Jay Baer*

---

# Haftungsausschluss

Der Inhalt dieses Buches wurde mit großer Sorgfalt geprüft und erstellt. Für sämtliche Inhalte kann jedoch keine Garantie übernommen werden. Dies gilt weder für die Richtigkeit, Vollständigkeit, noch Aktualität der Inhalte. Alle enthaltenen Informationen basieren lediglich auf die eigene Meinung und persönliche Erfahrung des Autors. Der Inhalt darf keinesfalls als medizinische Hilfe gesehen werden. Für selbstverursachte Schäden und Fehlhandlung des Lesers wird daher keine juristische Haftung Seitens des Autors übernommen. Zudem garantiert der Autor keinerlei Erfolge mit dem im Buch erwähnten Informationen, da diese wie oben genannt nur auf persönliche Erfahrung des Autors basieren und lediglich als Unterhaltung diesen sollen. Die Verantwortung für die im Buch beschriebenen Ziele liegt einzig und allein beim Leser selbst. Gleichzeitig wird keine Haftung auf den im Buch angegebenen Quellen und externen Webseiten übernommen. Für all diese Inhalte ist einzig und allein der jeweilige Webseitenbetreiber verantwortlich, weshalb der Autor automatisch von einer Haftung ausgeschlossen ist.

# *Impressum*


3. Auflage 2022

Kontakt: Steffen Zimmermann,
Comeniusstraße 77, 60389 Frankfurt
Covergestaltung:
Coverfoto:

Printed in Poland
by Amazon Fulfillment
Poland Sp. z o.o., Wrocław

17172935R00087